青春

心向党 建功新时代

——山东青年政治学院政治
与公共管理学院2019年度
社会实践成果汇编

王正坤 ◎ 主 编

九州出版社
JIUZHOUPRESS

图书在版编目（CIP）数据

青春心向党 建功新时代 ：山东青年政治学院政治
与公共管理学院2019年度社会实践成果汇编 / 王正坤主
编. — 北京 ：九州出版社, 2020.7
ISBN 978-7-5108-9326-1

Ⅰ. ①青… Ⅱ. ①王… Ⅲ. ①大学生－社会实践－成
果－汇编－济南－2019 Ⅳ. ①G642.45

中国版本图书馆CIP数据核字（2020）第132553号

**青春心向党 建功新时代：山东青年政治学院政治与公共管理学院
2019年度社会实践成果汇编**

作　　者	王正坤　主编
出版发行	九州出版社
地　　址	北京市西城区阜外大街甲 35 号（100037）
发行电话	(010)68992190/3/5/6
网　　址	www.jiuzhoupress.com
电子信箱	jiuzhou@jiuzhoupress.com
印　　刷	北京九州迅驰传媒文化有限公司
开　　本	787 毫米 ×1092 毫米　16 开
印　　张	12
字　　数	220 千字
版　　次	2020 年 7 月第 1 版
印　　次	2020 年 7 月第 1 次印刷
书　　号	ISBN 978-7-5108-9326-1
定　　价	58.00 元

编辑委员会

编委会主任：王玉香

编委会副主任：于其欣、丁萍

主编：王正坤

序言（一）

开展社会实践活动是贯彻党的教育方针的重要措施，是加强和改进高校思想政治教育的重要途径，是应用型人才培养的重要手段。其体现实践育人的教育理念，有助于大学生了解社会、认识国情、增长才干、锻炼毅力、奉献自我、学以致用，对于坚定正确的理想信念、增强历史使命感和社会责任感具有重要意义，是大学生成长为社会主义事业的合格建设者和可靠接班人的重要一课。

山东青年政治学院历来高度重视社会实践在大学生成长成才中的重要作用。近年来，我校大学生积极响应党和国家号召，踊跃参加社会实践和志愿服务，不仅为经济社会发展做出了贡献，自身也在基层的实践锻炼中健康成长，所展现出的对理想信念的坚定追求，对历史使命的积极回应，对时代责任的勇于担当，赢得了社会各界的高度赞扬和肯定。

山东青年政治学院政治与公共管理学院依托山东省高水平应用型培育建设专业——社会工作专业群，按照"知行合一"的原则，紧密结合学生所学专业，实行课程体系、第二课堂体系与自我教育体系的有机统一，将专业社会实践作为三位一体人才培养体系的重要环节，强调学生自我成长与交互成长，以项目化运作的方式，采用专业教师全程指导、学生自发组建实践团队的方式，实施了一系列内容充实、切合实际的专业社会实践项目。学院特别制定了相应的管理与激励政策，鼓励学生项目化进行专业社会实践，并对形成的成果按照学术论文标准进行查重、审读，对优秀成果积极推荐发表，参加"挑战杯""模拟政协提案大赛"等竞赛活动，推动学生专业社会实践成果的转化应用，打造了社会实践的全链条工作体系。

从"受教育"角度来说，本书将项目化专业社会实践取得的成果集结成册，旨在引导广大青年学生以更加专业的视角积极投身社会实践，同时充分发挥实践活动在加强和改进大学生思想政治教育中的积极作用，将思政小课堂与社会大课堂相结合，让思想政治教育"活"的教科书成为青年大学生在"拔苗育穗期"的铸魂之基；从"长才干"视角来讲，本书是从学生所学专业出发，围绕养老产业发展、留守儿童权益维护、优秀历史文化传承、精准扶贫举措、城市社区治理等社会问题开展的实践调研，有利于引导学生在实践中验证所学理论、促进认知的螺旋式上升，形成知识链条闭环，学思践悟、知行合一；从"做贡献"方面来看，本丛书的出版将对大学生社会实践活动专业化、精准化，实践项目成果化、社会化起到很好的示范作用，在引导青年读透"有字之书"，掌握专业知识、丰富知识储备的同时，又搭建了青年体悟"无字之书"的平台，对于青年学生运用理论指导实践、通过实践悟得真知起到了很好的帮助作用。

相信这套实践成果的出版，不仅对学校下一步继续深化专业社会实践活动的组织实施，而且对其它高校学生社会实践活动的开展都具有较好的借鉴和指导意义。

山东青年政治学院党委书记　鹿　林

2020 年 1 月

序言（二）

20世纪80年代初，团中央首次号召全国大学生在暑期开展"三下乡"社会实践活动。1996年12月，中央宣传部、国家科委、农业部、文化部等十部委联合下发《关于开展文化科技卫生"三下乡"活动的通知》。1997年，"三下乡"活动在全国正式开展，随后逐步在各高校展开，时至今日已成为各大高校锻炼学生社会实践能力的一种重要的常规性活动，也是考核学生综合素质的重要指标。

2004年，中共中央、国务院《关于进一步加强和改进大学生思想政治教育的意见》（中发〔2004〕16号）发布；2005年，团中央、教育部制定了《关于进一步加强和改进大学生社会实践的意见》（中青联发〔2005〕3号），文件第四条提出："文化、科技、卫生'三下乡'和科教、文体、法律、卫生'四进社区'活动，是新形势下大学生参加社会实践的有效载体。要广泛发动大学生利用寒暑假等时间开展'三下乡'和'四进社区'活动。高校要更加主动地与地方沟通，进一步明确实践服务的内容，根据需求选派相关专业的大学生组成团队，为群众办实事、做好事、解难事。"

山东青年政治学院历来高度重视学生的全面发展，支持鼓励各类学生实习实践活动。政治与公共管理学院依托山东省高水平应用型培育建设专业——社会工作专业群，多年来遵守"以学生为本""知行合一"的教育原则，突出专业特色打造，注重发挥青年院校的政治优势，坚持政治方向行政规律、运用社会工作理念方法、借鉴公共事业管理手段，把学生社会实践作为培养"立场坚定、基础扎实、能力突出、素质全面"的社区治理人才的重要抓手。

学院确立了"紧密结合所学专业，有效衔接一二课堂，任课教师全程指导，实践成果转化应用"的工作原则。在学生所学的"社会调查"

"社会研究方法训练""社会统计软件应用"等课程中将社会实践作为课程考核的重要组成部分，专门设置"认知实习"环节，由专业课任课教师担任实践项目指导教师，组织开展社会实践项目申报答辩，对获批立项的项目进行资金支持和全过程指导，实践活动结束后对形成的成果按照学术论文标准进行查重、审读，对优秀成果积极推荐发表，参加"挑战杯""模拟政协提案大赛"等竞赛活动，推动学生实践成果转化应用。打造社会实践的全链条工作体系。

本书汇编了山东青年政治学院政治与公共管理学院 2019 年 12 篇学生寒暑假社会实践报告，结合学生所学的社会工作、政治学与行政学、公共事业管理、法律事务等专业，围绕养老产业发展、留守儿童权益维护、优秀历史文化传承、精准扶贫举措、城市社区治理等问题开展调查研究，针对存在的突出问题进行数据分析，尝试提出对策建议。一定程度上代表了学院社会实践专业化、项目化的工作水平，以期对高校开展实践活动提供一定的启发、借鉴和参考。

本书由山东青年政治学院政治与公共管理学院院长王玉香任编委会主任，由山东青年政治学院党校副校长于其欣，山东青年政治学院政治与公共管理学院党总支书记丁萍任编委会副主任，山东青年政治学院政治与公共管理学院党总支副书记王正坤任主编。感谢各位编者的大力支持，感谢为本书编辑成册做出努力的单位和个人！

由于编者水平有限，编辑时间仓促，本书疏漏不周之处，敬请广大高校同仁及读者批评指正。

编委会
2020 年 1 月

目录
Contents

关于治理困境下的乡村文化建设研究

——以农家书屋工程为例调查研究报告

团队负责人：李泓成（2016 级公共事业管理专业）　　指导教师：刘庆顺
团队成员：李明峻（2017 级公共事业管理专业）、李金盛（2017 级公共事业管理专业）、李柯华（2017 级公共事业管理专业）

一、项目背景

党的十九大以来习近平总书记提出实施乡村振兴战略是新时代的一大篇章，并强调乡村振兴战略对国民生活有着根本性的影响。随着社会主义现代化和城市化的推进，乡村振兴势在必行，国家越来越重视乡村文化以及农村公共文化服务的发展。

目前是农家书屋这一公共政策实施十周年，随着农家书屋在农村的普及和基层图书馆设施的完善，大量内容不一、新旧相差的书籍涌入农家书屋，但农家书屋在实施过程中存在开放时间短、图书质量低下等诸多问题。农村大部分农家书屋设施缺乏、形式主义严重，为推进乡村振兴战略的实施，加大农民对于公共文化活动的参与力度、提高农家书屋工程的利用率，政府需要关注农村基础文化设施，加快推进城乡现代化和农村公共文化服务，深化城乡一体化、改善农民公共文化服务供给，保障村民基本文化权益。

公共文化服务的本质是公民在积极的价值取向和高尚的精神追求上形成认同，塑造人的良好行为，维护社会稳定。目前由于农村文化非营利组织发展缓慢，农家书屋仍主要是由政府提供的，其所提供的内容缺乏农民认可，满足形象工程，违背了公共文化服务的本质。

公共文化支出的规模和结构以及公众对公共文化服务的满意度在一定程度上反映了公共资源在文化领域的配置效率状况。农家书屋这一公共文化服务政策实施以来，政府在农家书屋方面支出的规模可观、结构庞大，但农家书屋资源在农村公共文化领域的资源配置效率反映了其利用率低下。对农家书屋财政支出的数量、效率与结构极大地影响了我国农村公共文化服务供给体系的发展。

二、项目目的

在理论层面，从治理困境的视角探讨乡村文化的建设是相关农家书屋政策分析的创新研究，能够增强目前理论界关于这一问题研究的薄弱环节，增强研究的串联性，提高学术的整体性，丰富相关研究的理论视角，创新研究方法，丰富相关理论，为深入探讨相关问题提供资料借鉴和理论基础。

在实践层面，自 2007 年实施农家书屋工程以来，政府通过大量的财政投入基本实现了乡村地区基层图书馆的普及，推动了基层公共文化服务体系的建设和完善，但是农家书屋该项公共政策实施以来，暴露出图书资源堪忧、开放时间不固定、农民知晓度低等众多问题。本次社会实践通过对山东省部分农村地区的农家书屋进行理论探讨和实证研究，推动农家书屋发挥基层图书馆构建农村公共文化服务体系的实施效果，从而辅助各级政府完善相关政策，扭转我国目前农家书屋实施存在的被动局面，摆脱农家书屋的治理困境，深入推进乡村振兴战略的有效实施，加强基层治理和建设，推动国家治理能力和治理体系现代化，助力乡村振兴战略目标的顺利完成。

因此本团队通过考察山东省部分农村地区的农家书屋的运行建设情况，发掘农村地区农家书屋运行的一手资料，运用相关的理论，对山东省部分农村地区农村农家书屋的运行现状和趋势预测进行审视，探索适应山东省农村公共文化服务供给模式的构建路径。

三、项目内容

（一）项目概述

本项目以公共管理为切入视角，以新公共服务理论、公共治理理论、图书档案管理学围绕乡村振兴开展，旨在通过发放问卷调查表、访谈及实地考察的方式，了解山东省部分农村地区农家书屋运行现状、图书资源情况、供求现状和存在的问题，找出制约山东省农村地区农家书屋长久发展的因素，摆脱乡村文化建设的治理困境，推动山东省农村公共文化服务供给体系的建设和乡村振兴战略的实施。进而提出对山东省农家书屋工程的改进建议，为保障农民的基本文化权益，助推乡村振兴战略的实施献上绵薄之力。

（二）项目创新点

1. 从治理困境视角下调研山东省乡村文化建设的现状，通过对农家书屋工程的考察和比对，找出农家书屋工程运行状况及其问题，对山东省农村公共文化供给体系的制约因素进行研究与探析；

2. 本项目围绕山东省农家书屋工程的运行和发展现状展开研究，有利于推动山东农村公共文化服务供给体系的发展，契合中央实施乡村振兴战略的社会趋势；

3. 本项目基于治理困境下乡村文化建设的视域为导向，以公共服务供给理论为思维工具，体现了研究视角的创新性。

（三）调研经历

1. 深入了解调研项目、梳理文献、奠定调研基础

调研初期，通过查阅相关资料与书籍对公共服务供给理论进行梳理，深刻理解公共服务理论的核心内涵，探究山东省农村地区农家书屋工程与公共服务理论的联系，为后续研究奠定理论基础。其次调研团队成员首先通过查阅相关文献，利用各种渠道分专题广泛查阅相关理论资料，深刻解读中央关于农家书屋工程的文件及政策，进行文献资料的梳理与了解，概括农家书屋工程的内涵、特征及研究现状等，深入探讨山东省农家书屋工程运行的困境及影响因素，为乡村文化摆脱治理困境奠定理论基础。

2. 组内充分讨论、分工合作、提高调研效率

我们在现代图书档案管理理论指导下，以农家书屋工程涉及的责任主体和反馈主体为基础，设计了《治理困境下的乡村文化建设研究——以农家书屋工程为例调查问卷》和访谈提纲，并且探讨并制定走访地点和区域。本社会实践团队通过实地考察山东省部分地区农家书屋的运营和管理状况，通过设计问卷对当地村民进行调查，剖析山东省农家书屋工程在运营中存在的问题并进一步探析改良路径。

四、项目方法

（一）文献研究法。查阅相关文献，利用各种渠道分专题广泛查阅农家书屋工程相关理论资料，深刻解读中央关于农家书屋工程的文件及政策，概括农家书屋工程的内涵、特征及研究现状等，深入探讨农家书屋工程和农村公共文化的潜在关系。

（二）实证研究法。通过对山东省部分农村地区农家书屋运行和建设的现

状进行实地调研，研究当地的实施情况并进行效果评估，在此基础上提出建议。

（三）比较研究法。通过比照中央及地方政策要求以及山东省农村地区农家书屋工程的实施情况，归纳其中存在的问题并进行原因分析，在此基础上提出相关建议。

五、项目结果——山东省农家书屋工程发展现状的调查分析

农家书屋工程这一公共政策于 2007 年开始推行试点，到目前为止已经在山东省农村地区普及，到目前为止，山东省是农家书屋工程建设最多的省份。农家书屋工程推动的初衷为缩小城市公共文化与农村公共文化的差距，推动农村公共文化的建立，惠及农村地区广大村民。农家书屋工程的运营方式在其最初的公共政策制定中规定为通过中央财政的大力支持和社会募捐援助，初步建立农村地区小型图书馆体系，方便广大农民购买图书。但随着政策的实施和时间的推移，农家书屋制定的通过售卖图书进行盈利的运行方式由于监管不严、村民图书购买力低下等原因被迫演变为非营利性质的公共文化设施，农家书屋的资金来源由公共政策中的盈利加政府支持变为纯政府财政支持和社会募捐。根据《山东省统计年鉴·2018》显示，截至 2017 年为止我省文化站共有 1815 个，文化站运营管理人数共有 5334 个，说明我省拥有庞大数量的农家书屋。

表 1　《山东省统计年鉴·2018》中各地市文化设施及人员数量

| 年份 | 文化（艺术）馆 | | 文化站 | | 艺术表演团体 | | 剧场（院） | | 图书馆 | | 博物馆 | |
	机构数（个）	人数（个）	机构数（个）	人数（人）	机构数（个）	人数（个）	机构数（个）	人数（人）	机构数（个）	人数（个）	机构数（个）	人数（人）
1993	157	3145	2454	2862	119	6430	119	2837	126	2178	52	1329
1994	157	3197	2387	2882	118	6448	118	2878	126	2256	54	1418
1995	158	3265	2363	3117	118	6170	115	2783	130	2318	56	1462
1996	159	3237	2466	3286	118	6090	111	2727	131	2359	54	1522
1997	158	3264	2482	3177	118	6148	107	2652	131	2471	54	1562
1998	158	3252	2494	3339	118	6170	107	2577	131	2536	56	1422
1999	158	3194	2493	3293	117	6077	107	2544	133	2555	57	1663
2000	159	3055	2422	3304	118	5943	105	2473	133	2506	59	1633
2001	159	2975	1912	2943	121	5990	105	2444	136	2503	66	1611
2002	156	2935	1866	3019	121	6030	104	2434	140	2559	70	1566

年份	文化（艺术）馆		文化站		艺术表演团体		剧场（院）		图书馆		博物馆	
	机构数（个）	人数（个）	机构数（个）	人数（人）	机构数（个）	人数（个）	机构数（个）	人数（人）	机构数（个）	人数（个）	机构数（个）	人数（人）
2003	157	2968	1792	3022	120	5988	104	2353	140	2573	73	1634
2004	159	3136	1783	3190	118	5995	95	2088	142	2633	72	1684
2005	158	2982	1768	3166	117	6066	94	1881	145	2690	75	1723
2006	158	3058	1857	3330	118	6250	95	2098	143	2624	76	1770
2007	157	3012	1826	3715	119	6163	92	1937	145	2640	87	1915
2008	156	3025	1826	3754	119	6254	90	1827	147	2606	96	2064
2009	158	3115	1867	4593	118	6279	82	1640	150	2669	111	2307
2010	158	3055	1855	4543	119	6268	91	1904	149	2680	114	2456
2011	160	3086	1828	4643	116	6163	93	2134	150	2697	120	2787
2012	158	3033	1821	4987	104	5722	93	2083	150	2647	178	4353
2013	159	3062	1807	4915	103	5557	93	1719	153	2760	194	4748
2014	158	3047	1811	5181	104	5728	104	1734	153	2730	243	5369
2015	157	3034	1814	5534	104	5368	92	1632	154	2750	312	6310
2016	157	3006	1816	5262	103	5651	93	1602	154	2828	393	7152
2017	157	2978	1815	5334	105	5689	100	1821	154	2877	485	7976

公共文化服务是指政府等公共管理部门为保障公民基本文化权益为社会公众所提供的公共文化产品或活动。随着对地方差异化公共服务内容的深入研究，不同地方村民的公共文化需求似乎大不相同，不同地区的政府应以地方需求为导向，让农家书屋工程中的图书资源符合当地村民的公共文化需求，更好地满足公众的实际需求，应建立健全农家书屋工程图书资源的更新机制，消除地方政府无法满足公共服务的公共需求的负面影响，提高村民对农家书屋工程的满意度和参与度。

（一）样本数据的基本情况

为了深入了解山东省农家书屋工程的运行情况和存在的问题，本团队对山东省滨州邹平市黛溪街道韦家村农家书屋工程进行了实地考察。在进行实地考察的同时，也深入村中进行问卷调查，真实地了解村民对于农家书屋工程的了解以及农家书屋工程的运行情况。

样本取自山东省滨州邹平市黛溪街道韦家村镇采集，调查样本分布情况如

表 2 所示：

表 2 关于"山东省农村公共文化服务供给体系"调查样本分布情况（N=42）

样本特征	样本分类	参与频数	占总样本量的百分比（%）
性别	男	17	40.48%
	女	25	59.52%
年龄	20—30 岁	7	16.67%
	31—40 岁	11	26.19%
	41—50 岁	5	11.90%
	51—60 岁	16	38.10%
	60 岁以上	3	7.14%

　　通过运用 IBM SPSS Statistics 进行分析，样本数据中村民的性别比例分布情况为男 40%，女 60%，如图 1。样本数据中基本形成 4（男）：6（女）的男女比例。

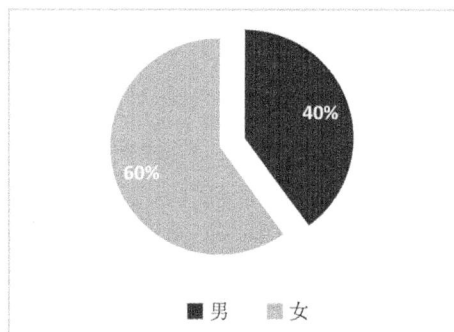

图 1 受访群众性别分布情况

（二）村民对农家书屋的需求度

　　从问卷调查角度来看，调查问卷中能够反映受访村民对农家书屋工程的需求情况为"您对农家书屋工程的需求程度为？"67 份有效数据中，如图 2 所显示村民对文化的需求程度并不是很高，有高达 50.75% 的村民选择一般，17.91% 的村民认为没有需要，比较强烈的占 17.91%。

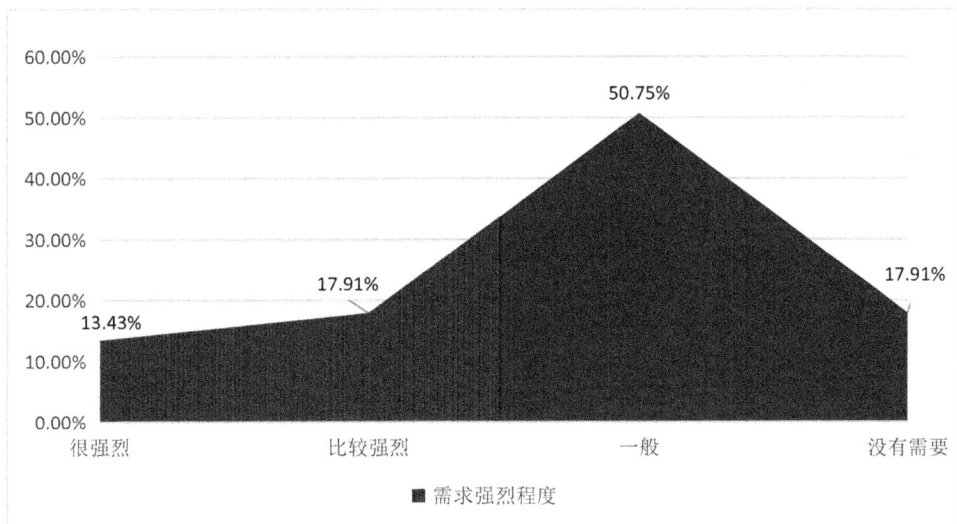

图2 受访群众对农家书屋工程需求情况

（三）村民对农家书屋工程的参与度

根据问卷调查数据，"你会定期使用农家书屋吗？"，通过该项问题反映出，当地大多数村民使用农家书屋的意向和需求较低，并未产生的强烈的文化需求，有38.8%的村民偶尔会参加，有29.9%的村民从来不参加。

这种现象在一定程度上反映出政府所提供的农家书屋工程并不能够吸引群众，认识到现阶段地方政府建立的农家书屋工程无法建立适合所有农民需求的公共文化服务目录，地方政府不以政策为导向购买图书资源，这意味着政府在农家书屋工程中提供的图书资源必须解决农民的需求问题。政府应在分析农民文化需求差异性因素的基础上，需要不断完善对不同种类内容的图书资源的采购，以提高农民参与农家书屋工程的热情与兴趣，满足村民的公共文化需求。

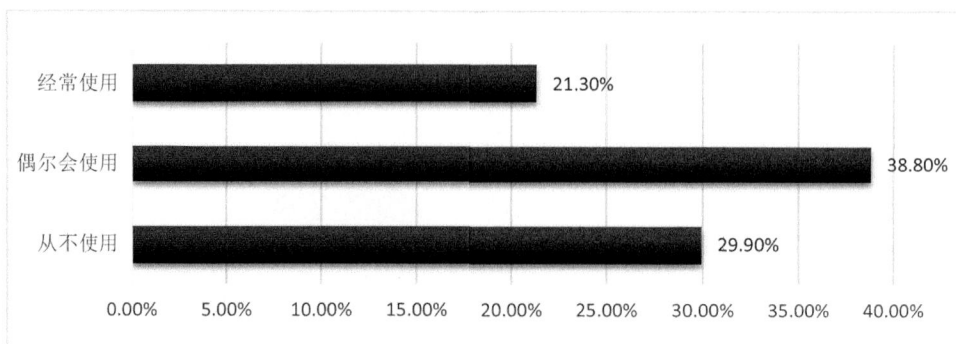

图 3 村民使用农家书屋频率的条形图

对于村民从来不参加或偶尔会参加农家书屋的现象，政府需要建立社会组织专家的智囊团来解决农家书屋工程内部管理问题和外部运营问题，社会组织应该提高自身的专业性，并为地方政府开展的农家书屋工程提供选择村民组织的机会，利用社会组织反映村民公共文化需求，确保形成社会组织与政府提供的农家书屋工程之间的积极竞争。

地方政府对农家书屋工程的支持不仅限于财政支持，它们还可以为农家书屋工程提供更多的社会保障、基础设施支持、人才培训支持，这些都是农家书屋工程发展的安全支持，可以缓解农家书屋工程的压力，帮助弱势农家书屋工程健康发展。

（四）文化需求与收入对村居村民使用农家书屋的方差分析

表 3 误差方差的齐性 Levene's 检验[a]

因变量： B1. 您对农家书屋工程的需求：			
F	df1	df2	显著性
1.378	23	153	.130

由表 3 可见居民对农家书屋工程的需求与村民收入的方差齐性检验的显著性为 0.130，显著性水平>0.05 说明在现有样本中，村民收入对村民使用农家书屋的影响不显著，村民的收入高低与村民使用农家书屋影响并不是直接影响因素，村民使用农家书屋的影响因素与其他变量有关。

（五）村民参与农家书屋频率多重响应分析

表4　您觉得制约您使用农家书屋的因素有哪些频率

您觉得制约您使用农家书屋的因素有哪些?	响应		个案数的百分比
	N	百分比	
①开放时间不固定	15	17.44%	41.0%
②图书内容贫乏	12	13.95%	52.6%
③使用不方便	26	30.23%	60.7%
④不感兴趣	24	27.91%	53.2%
⑤其他	9	10.47%	67.6%
总计	86	100.0%	275.1%

据表可知"您觉得制约您使用农家书屋的因素有哪些"中，17.44%的村民认为开放不固定是制约使用农家书屋的影响因素，13.95%的村民认为农家书屋图书内容匮乏是制约使用农家书屋的影响因素，30.23%的村民认为农家书屋使用不方便是制约使用农家书屋的影响因素，27.91%的村民认为不感兴趣是制约使用农家书屋的影响因素，10.47%的村民认为其他原因是制约公共文化产品消费的影响因素。大多数村民认为使用不方便、对农家书屋不感兴趣、开放时间不固定是制约使用农家书屋的主要因素。

六、项目分析

（一）农家书屋的宣传力度不足

农家书屋工程虽然已经实施十年有余，但是由于宣传活动不到位、动员工作不足等，不少村民仍然不知情。即使村民知道村里有农家书屋，并对农家书屋工程有初步的了解，但是不少村民认为农家书屋内的图书资源和自身生活关联不大，并未对农家书屋产生较大兴趣。不少村民平时忙于生计，没有时间与精力到农家书屋进行阅读活动。其次，大多数村民的公共文化活动多为上网、看电视、听广播、棋牌娱乐等，公共文化活动比较单一，乡村文化建设并未上升到阅读的高度。

（二）配套图书资源不全面

中央政府对农家书屋图书资源种类及数量的政策要求，在图书资源的数量和图书资源的种类等方面最大程度地满足当地村民的公共文化需求。但是由于各地行政村需求不一、分布广泛，所以公共政策中图书资源种类和数量的配送要求忽略了地方性差异。农家书屋在图书的资源和数量配置等方面应与农民的文化需求相吻合，提供与农民的日常生活关联性强的书籍，但是由于农家书屋工程中配置图书资源等方面的公共政策条例缺乏对村民需求的研究，就会出现农家书屋中图书资源的数量和种类不合理，与村民的公共文化需求不吻合。

（三）农家书屋的管理机制不完善

基层公共图书馆的管理和运行需要完善的配套制度进行管理和监督，虽然我省已经大面积覆盖农家书屋工程，但是缺乏后续的运营管理机制，农家书屋管理运营效率低下。公共图书馆的运营人员需要掌握一定的图书档案管理的知识，但是农家书屋往往是由各行政村中的村民自治委员会进行自主运营和管理，雇佣的农家书屋管理人员往往缺乏专业知识和水平。众多书籍虽然存放在农家书屋中，但实际借阅的效率并不高，加之农家书屋开放时间不固定，村民能够借阅到的图书资源有限。

（四）公共文化服务供给方式仍需改进

长期以来的城乡二元结构，导致了大量的资源向城市集中，这其中也必然包括了基层图书馆的城乡间畸形发展。在城市中的图书馆有一系列公共文化资源和配套设施。但是在乡村的农家书屋中，农村居民所能够享受的公共文化资源屈指可数，即使拥有农家书屋的基础设施，也存在着图书资源缺乏更新、现代化水平落后等问题，不能够真正地满足农村居民的文化需求。

由于政府和农村居民之间缺乏有效的沟通，所以政府组织内部机构凭借自身的认知决定了农家书屋图书资源供给的类型和数量。同样，另一方面，由于农村老龄化日益严重，年轻人大多进城务工，留守在农村的多为老人和儿童，老人观念较为僵化，很难就公共文化服务问题上与政府部门进行有效的沟通和协商，这就导致了农村居民对于政府提供的农家书屋工程不了解也不感兴趣的状况。

七、结论与建议

（一）建立健全农家书屋工程运行的长效机制，充分发挥农家书屋工程的积极作用

农家书屋作为农村公共文化服务供给的重要组成部分，是了解村民公共文化需求、提供公共文化产品和参与农村公共文化体系建设的基层单位。农家书屋要充分发挥自身的资源优势，积极推进农村公共文化服务供给体系建设。具体而言，在建设农家书屋的过程中，农家书屋可以在整合资源、村民指导，多方协助等方面发挥积极作用，推动公共文化活动的实施。

在农家书屋的建设中，我省一些农村地区建立了基层公共图书馆的基本组成单位或分支机构，从而避免了农村公共文化设施的重复投资，同时也实现了统一管理、合理规划。农家书屋工程自成立以来，形成了一套科学、完整的运行管理体系。但目前农家书屋工程是一个新生事物，其运作模式和管理体制尚不成熟。从书刊分类、调度、借书过程中充分发挥农家书屋工程的积极作用是必要的。农家书屋应适当对村民进行阅读方面的指导，提高农家书屋工程的公共文化供给水平，确保农家书屋工程的良性运行。此外，农家书屋工程还可以丰富图书资源的内容，充分发挥农家书屋工程的"一处多用"，通过协助村委会进行知识讲座，吸引更多的人参与阅读，举办各种阅读活动和特别展览。

（二）农家书屋工程的配置应符合当地条件，在合理配置的前提下进行全面调查

目前，我国农家书屋工程现有的书籍不符合当地农民的实际需要，最后才出现使用效率低下的问题。农家书屋工程的利用率低，这是由于缺乏充分的调查而导致的，并且是根据行政指导盲目分配的。问卷调查作为了解当代中国农民思想公共文化需求的切入点，对于了解当前中国农民读者的阅读偏好和需求有很大帮助。随着社会经济的发展，农民的需求趋于多样化，在分配农家书屋的过程中，政府应结合当地的条件来看待问题，根据农民实际文化需要配置书报，提高利用率，不要让农家成为摆设。另外，为了适应当地条件，合理配置图书资源，还需要就具体问题进行分析，在实施农家书屋政策的实际过程中，要结合当地情况，充分考虑当地现有资源，按照实际需求程度分配农家书屋的建设资金，提高资金利用率。

（三）融入多元社会力量，共筑农村公共文化服务供给体系

政府文化职能的价值导向不足，导致公共文化支出效率低下，因此，政府文化职能的制度安排应重视政府的财政支持是农村公共文化服务供给体系的重要资金来源。如果地方政府明确购买资金来源，确保资金链稳定，有利于农村公共文化服务的有效供给，提高农家书屋的治理和管理水平。农村公共文化支出的规模和结构以及公众对公共文化服务的满意度在一定程度上反映了公共资源在文化领域的配置效率状况。公共文化服务、财政支出的不足、结构不合理、效率低下极大地影响了我国公共文化服务，这也就导致了我国农村文化建设发展水平的不发达和不平衡。在这样的情况下，必须拓宽文化建设资金来源渠道，要在法律和相关规定允许的范围内，充分发挥第三方社会组织和市场的力量，引入市场机制和培育社会公益力量。

当然，在引入市场机制的同时，政府部门要加强相应的监管和服务工作。首先，政府要为资本进入农村文化市场提供宽松、有利的条件，放宽进入农村文化市场的准入机制，鼓励民间资本投资农村文化产业。其次，政府必须要进一步完善农村文化市场的管理机制，在提供一定的税收补贴等优惠方式的同时，也要加强对于文化企业的监管，保证农村居民享受到高质量、高品质的文化服务。

（四）加快政府职能转换，塑造服务型政府

建设服务型政府的关键就是要进行正确的角色定位，要将政府自身定位为服务的提供者，要将人民定位为服务的对象。因此，要想建设运营效率高的农家书屋，就必须进行政府职能转换，根据当地农村实际发展情况和农村居民的真实文化需求来制定农村公共文化服务供给政策，决定公共服务的类型和数量以及后续的管理工作。要站在农村居民的立场上，以村民的实际文化需求提高公共文化服务水平。

另外，由于政府观念的影响，政府职能划分并不明确，存在着政府跨权、越界的现象，也存在着"政事不分"的情况出现。因此为了全面促进文化事业的繁荣和发展，政府应该充分发挥市场和第三方非政府组织的作用，将公共文化中并不适合政府直接运作的工作交给市场机制完成，将"划桨"的职能转变为"掌舵"，进行简政放权，让农家书屋的管理和运营交给市场，政府做好相应的监管工作和规则的制定。另外在政府职能划分的过程中，要逐渐增加政府文化管理的职能。

（五）强化农村网络建设，创新公共文化服务方式

随着信息化的发展，互联网在人们生活中扮演着日益重要的角色。电子信息网络具有扁平化、综合化和延展性的特征，可以在网络之中加强农村公共文化服务建设。在农村公共文化服务供给体系建设上，也要充分利用互联网和电子信息技术。

第一，要加快建设全省范围内的文化服务网络平台，网络平台应充分利用广播电视、远程教育、全国文化信息共享系统的基础，在全省范围内打造起一个可以实现城市和农村可以交互的网络系统，实现农村居民也能够在一定程度上享受到城市的文化福利，实现城乡协调发展、共同繁荣。

第二，要着重农村文化建设的制度性建设，逐步完善农村文化工作网络体系，充分调动所有能够调动的参与者的积极性，主要包括省级政府、地方基层和农村居民三部分人群的积极性。要调动省级、市级政府部分工作人员的工作积极性，承担起他们的统筹规划的责任，也要调动起基层工作人员工作积极性，做好信息的收集和反馈工作，为上级政府部门决策提供有效的信息和依据，做到信息共享、上下联动的效果。

另外，也应该充分调动起农村居民的积极性，不仅仅是参与到政策决策过程之中，更要鼓励他们积极进行公共文化的创造和创新，实现自我发展、自我满足。对于那些农村居民自主举办的文化活动应该给予最大限度的支持，提供资金、技术、设备等各方面的指导和扶持。构建和培育新型农村公共文化服务供给体系发展氛围，实现农村公共文化服务均等化的目标，助力山东省乡村振兴战略的实施。

参考文献

[1] 陈磊. 宁波市农家书屋建设现状及发展对策 [J]. 内蒙古科技与经济，2017（18）：117—118，120.

[2] 谢琼羽，江增华. 农家书屋工程建设现状与策略新探——以安徽省芜湖市为例 [J]. 开封教育学院学报，2018，38（7）：279—281.

[3] 李永武. 农家书屋效用面临的制约因素及建议——以巧家县为例 [J]. 农家参谋，2018（16）：269，274.

[4] 林君丽. 基层农家书屋后续运行发展研究——以温岭市农家书屋为例 [J]. 图书馆研究与工作，2018（2）：80—82.

[5] 涂新宇. 安徽省农家书屋发展现状及对策研究 [D]. 安徽大学，2018.

"那些年支前民众的光辉岁月"口述史调研

——基于山东省多地 90 岁以上老人的访谈

团队负责人：张国富（2017 级政治学与行政学专业）、　　指导教师：陈建坡
　　　　　　卢沛霖（2018 级公共事业管理专业）

团队成员：李香雪（2017 级政治学与行政学专业）、马京钰（2018 级公共事业管理专业）、徐文娟（2018 级政治学与行政学专业）、刘凯（2018 级政治学与行政学专业）、陈彤（2018 级国际经济与贸易专业）、刘圣菲（2018 级政治学与行政学专业）、刘雪梅（2018 级环境设计专业）、卢沛霖（2018 级公共事业管理专业）、陈梦洁（2018 级西班牙语专业）、李椿芸（2017 级公共事业管理专业）、刘成昆（2017 级酒店管理专业）、李玉倩（2018 级政治学与行政学专业）、李立浩（2018 级经济学专业）、汪子钤（2018 级政治学与行政学专业）、蔡达（2017 级政治学与行政学专业）

一、项目背景

在弘扬中华优秀传统文化与红色经典文化的总体基调下，我们感恩改革开放带来的包容繁盛，感恩新中国成立初期建设者的不懈努力，也从未曾忘记那些年征战岁月中革命战士的拼搏顽强。有人曾说中国的历史是战士们依托血水造就的，当下的繁荣更是他们对胜利最持久的信念而搭建的。相信对于生活在繁荣开放时代的我们而言，对此是始终铭记于心，未曾忘却的。我们感激于他们的奉献与坚持，更深知生活在那个年代的人们所特有的骨气与坚韧。但历史并不是一个人造就的，每一场战役的胜利、每一次根据地的夺取、甚至于每一份物资的输送，我们都似乎忘记了"他们"的参与。他们坚持在战后，用最质朴而执着的信念守望着那片土地，等待着前线战士的捷报，眼里充满期待与守候……

今年恰逢中华人民共和国新中国成立 70 周年，回看过往的艰难岁月，我们总能发现那批来自支前民众的记忆是破碎而简短的。历史的笔迹总是将最直接、最具冲击力的战争场面完美地保存了下来，却忘记了在那些年的时光岁月里，还有一批朴实执着的人们保障着前线的胜利，关切着战士们的点点滴滴。值此之际，我们有幸可以依托专业特色对"他们"的故事加以传述与分享，更期望以此来书写另一个时代的人生，填补对于他们的历史记忆，记录在那样一个革命年代中，支前民众们最为坚韧的努力与追求。

二、研究（或调研）方法

口述历史的特殊调查方法具有独特的价值，本项目的最大特色是运用了实地访谈、查阅地区相关文献的口述史调研的方式方法。通过赋予被忽略的群体以发声的机会，用普通公民的故事补充正式的书面历史，这为官方记录提供全新思路和另一种视角。在社会急剧变革的时代，亲历、亲见、亲闻的独特方法赋予了传统历史生动、鲜活、可操作性强等独到特点，也不断成为历史填补的重要形式所在。

访谈中主要有以下四种调研环节："望闻问切"。

学会观察：通过"望"，对其家庭状况及对其生活态度做出基本判断，如对房子、厨房、食物、衣物、农具等的观察。

学会询问：基本情况，巧问年龄、收入、婚姻、健康等；调查提纲罗列的问题必须问；怎么样、为什么、怎么解决呢；简单到复杂，闲聊到正题。

学会体验：嗅察到泥味、烟味、药味、香味、饭菜味，或者听到了别人的交谈，明白对方正在、即将做什么。

学会判断：善于分辨受访者说的是真是假。人都从自己角度来交谈；对与自己利益相关的不会全盘托出；注意辨别对方开玩笑式的回答。

访谈中有主要有以下三种调研方法：

1. 访谈法：通过一定的资源关系，调查员在各地与受访者进行深度访谈，用录音笔记录下来后，全文整理、分段整理后待以后期的研究。

2. 实地考察：根据调查员第一人视角所看到的所听到的内容用手机拍照保留原照，然后根据所看所感将实地调研的内容记录下来。

3. 文献检索：根据上网学习相关资料，了解一定的支前运动历史内容，在做资料的汇总的时候，学会检索相关资料。

三、项目的主要内容（或调研的主要数据资料）

（一）项目进度的计划与安排

本项目计划从 2019 年 4 月启动，在 2019 年 9 月中旬基本完成本次口述史专题栏目的年度目标与进度安排。借助华中师范大学口述史专题栏目操作思路与进度安排，具体实施"铭记历史·不负远期——那些年支前民众的革命岁月"专题口述历史项目，从而打造具备地域特色与时代基调的鲜明历史与革命记忆。

1. 2019年度4—5月

项目计划在2019年度4月至5月完成项目主题研究工作，同时通过已有书本历史的填补完善，为后期开展做好铺垫与准备。

2. 2019年度6月

项目计划在2019年度6月完成项目访谈提纲初稿设计与定制工作，并具体依托现有试点团队具体试点访谈，为后期提纲内容完善修改做准备。

3. 2019年度7—8月

项目计划在2019年度7—8月完成本次项目主体环节，具体依托项目调研团队完成对本次项目的资料采集与收集工作，为后期文字整理与资料回收做准备。

4. 2019年度9月

项目计划在2019年度9月依托前期调研团队的访谈提纲、录音文档等相关资料具体回收整理，文字版内容定稿归纳，数据化内容定量分析，从而将前期项目主题填补深化，形成专题口述史系列栏目。

（二）具体实施

调研团由来自各个学院的41名组成，分成10个调研小队，分别奔赴济南、青岛、临沂、烟台等15地市开展90岁左右老人关于支前运动的口述史调研任务，通过录音、照片视频、文字的形式，记录下那段存留在民间的革命历史，记录下他们为革命的胜利所做的无私贡献，传承那勤劳勇敢、忠厚善良的革命精神，承载着我们老辈人民对祖国建设做下的突出贡献。

在开展入户访谈调研的一个多月里，调研团共调研老人30个（13个老奶奶、17个老爷爷），其中8个为80岁到90岁的老人，22个为90岁以上的老人，最大的是济南市章丘区的程俊兰老人，今年103岁，最小的是枣庄市滕州市的高子军老人，今年81岁。现已完成对22个老人口述史材料的整理工作，共获得300张照片，22个调研视频。预计将形成1份完整的调研报告和30份老人专题报告，1个视频剪辑和1份照片剪辑。

四、主要的结论

他们一生过得平凡，却早在年轻时就做下了非凡的事，在炮火横飞、动荡不安的岁月里，抬起担架、推起粮食、纳起鞋底、缝好棉衣，在那场规模宏大的淮海战役中，穿梭在硝烟弥漫的战场上，孜孜不倦地为子弟兵做着后期保障工作，留下了勤劳勇敢的身影，为革命的胜利加快了脚步；他们见证了新中国的诞生，为了祖国的建设添砖加瓦，七十年间不问耕耘，只争朝夕，岁月虽在他们脸上留下沟壑般的皱纹，但夺不去他们朴实真挚的表情和那颗奋勇向前、保卫家乡的炽热心；他们有一个光荣的名字——"支前民工"。

在开展入户访谈调研的一个多月里，一个个捷报从调研第一线传来，调研团的十个分队先后出色完成了调研任务，挽救了那份弥为珍贵的革命历史，每一位调研员都表示在调研中受益匪浅，感受颇深，为之前劳苦大众的经历感到怜惜。

此次"那些年支前民众的革命岁月"口述史调研，经过两个月的精心准备和一个多月的调研访谈，终于顺利完成。从 5 月份选定主题、调研大纲的设计，到 6 月份的多次试调研及调研大纲的修改、调研员校级招募、调研员的培训会与出征仪式，再到 7 月份到 8 月份调研员在各地档案馆查阅学习支前运动时期相关背景材料、寻找合适的老人开展调研。项目开展的每一步都是在考验着实践团的能力，每一个环节都直接影响着调研的质量，在指导教师陈建坡、乔海波的全程跟踪、严格要求下，及时帮助调研员解决遇到的困难，提供技术支持与辅导，使得调研任务能够顺利完成。

在本次调研中，调研员根据提纲提问，根据具体情况展开追问，以 1945 年抗日战争结束到 1949 年新中国成立两个时间点为节点，以时间轴为导线，帮助老人建立起那个时间段的回忆，讲述从抗日战争到解放战争胜利的辛酸故事。每一位调研员都在调研过程中受益匪浅，感受颇深，为前辈的支前抗战经历感到怜悯，为支前运动中军民齐心赢得革命胜利感到欣喜，为祖国的繁荣富强、和平稳定而自豪。每位调研员将自己收获写进调研日志，将传承不怕吃苦、勤俭节约、团结奋进的红色精神视为当代青年大学生义不容辞的责任，将爱国的情怀化成源源不断的前进动力。

五、相关的（政策）建议

1. 政府部门在 70 周年国庆节前后建立起支前民众的数据统计，对现在在世的支前民众给予一定的奖励。

2. 弘扬之前民众的无私精神，开展"铭记历史·不忘初心"主题教育，讲述他们的故事，进行一次红色精神的洗礼。

3. 对于开展红色精神调研活动大力支持，能够积极地配合调研员的工作开展。

六、项目（调研）的不足与局限

1. 调研时间不足。在一个暑假短短 38 天的时间内，调研员在临近自己家乡的调研地点展开对老人大规模的排查，选择符、合条件的老人作为受访对象。在一些老战区内，满足条件的受访者不计其数，因此只能最多选择两到三人作为最优对象进行访谈。

2. 调研经费不足。在前期的宣传工作、调研期间调研员的差旅费和送给老人的礼品、后期的整理与印刷等工作中都需要庞大的物资支持，因此调研经费不足是一大局限性的问题。

受 访 实 录

示例一：

王克昌老人支前运动口述史

一、受访者基本信息表

调研点	山东临沂市临沭县曹庄镇朱村	受访者编号	WC20190728WKC
调研员单位	山东青年政治学院政管学院	受访者性别	男
调研员姓名	王纯	受访者姓名	王克昌
调研员联系方式	17860523065	首访时受访者年龄	88
受访者类型	80 岁以上老人之前运动	首次采访时间	2019 年 7 月 28 日
是否有干部经历	是	曾担任的干部具体职务及时间	1956—1970 年担任生产队会计
是否生育	是	受访者结婚的时间节点、生育子女的具体情况	共有五个孩子，其中三个女儿，两个儿子
现家庭人口	14	家庭主要经济来源	务农
受访者所在村庄基本情况	朱村隶属山东省临沭县曹庄镇，位于鲁东南苏鲁交界处，西倚发山，东傍沭河，与大官庄水利枢纽遥相呼应，该村水陆交通方便，地理条件得天独厚，自然环境十分优美。因境内河流纵横、溪水汇流、玉带缠绕，呈"九龙戏珠"之格局，故村庄由此得名"珠村"，历代村民由于崇尚朱子儒学，后正式更名为朱村。2013 年 11 月习近平来到山东临沭县曹庄镇朱村"老支前"王克昌家看望。一家人干农活做柳编，日子"基本奔小康"。总书记说，我们这一代、下一代都要沿着中国特色社会主义道路向前，让老区人民生活得更幸福。		

续表

受访者基本情况及个人经历	王克昌老人 1929 年出生，生有三个女儿两个儿子，11 岁娘去世，17 岁爹去世，从小跟着哥、嫂子还有姐姐生活。老人小时候因为家庭经济困难，上学只上到三年级，在 1956 年担任当地生产队会计十四年，在担任中不断学习。1979 年，他所在的大队创建了窑厂，他在窑厂主要负责销售。直到现在老人自己在家还经营着买卖，自己有一定的收入。现在老人家里人大部分都不在家，有的在临沂居住，有的在郯城居住，有的在上海居住，现在他只有跟着二儿媳妇生活。老人现在的家庭是四世同堂，家庭和睦，老人对生活没有太大的要求，对于现在的生活已经是很满足了。2013 年，习总书记来到朱村看望支前模范王克昌老人，并请王老"批评指正"。现在，王克昌老人依然关心国家大事，了解民生动态，积极拥护和支持习总书记提出的党风廉政建设和反腐败斗争，并将"爱党爱军、开拓奋进、艰苦创业、无私奉献"的沂蒙精神传播给孩子们，言传身教影响身边的小学生热爱祖国，报效祖国。王克昌老人说，祖国的强大就是他最大的喜事，作为社会实践队员，我们热血沸腾，我们愿意秉承光荣革命传统，发扬伟大抗战精神。王克昌老人对我们当代大学生最大的期望就是好好学习天天向上。他说大学生就是国家的财宝，是国家的希望。老人的热血澎湃让我们年轻人感受到了那热血的革命精神，老人是红色革命精神的传承者，更是红色革命精神的践行者。

二、全文整理

访谈时间：2019 年 7 月 28 日

Q＝王纯　　A＝王克昌老人

Q：爷爷，今天主要是想跟你聊一聊关于解放战争时期支前运动的一些故事。我是来自山东青年政治学院的学生，我们正在做"铭记历史·不负远期——支前民众的革命岁月"口述史调研，就是在咱们山东做，在咱山东省 17 地市都有我们的同学在开展，找你们这些支援前线模范，问一问那时候的一个心酸故事。

A：哦

Q：爷爷，我们了解到 2013 年习主席来探望过您是吧。

A：是的是的。他（习近平总书记）在大门口了，还有俺省委书记，在俺"当天子"（院子，是特色的赣榆方言之一）和俺大队书记，在俺屋里坐着，还有俺二儿，俺儿媳子，拉了半天呱。

Q：哦，那时候的省委书记是谁呀。

A：姜异康啊。

Q：哦，对。几年了？有 5 年了吧。

A：6 年了。

Q：哦，6 年了啊。

A：一三年嘛。一三年、一九年再到十一月就 6 周年了。嘿嘿嘿。

Q：哦，那行，爷爷你的记忆还挺好哈，咱们找个地方坐着聊聊？

A：行啊，在这坐着聊聊不行吗？

Q：在这坐？行，行行行。你这屋挺凉快的哈。

A：哎呀，这不，有开的空调。

Q：对着吹行吗身体？

A：行，恁（你们）往里边坐，里边凉快。

Q：好，谢谢爷爷。这样的，关于支前运动啊，我们之前在章丘那边，老师就带着我们找过好几个老人访谈过，爷爷，你记忆得特别好，今天你就说，我用提纲帮你提醒哈，对于我们提纲还能再次修改呢。

A：哈哈哈，好好好，人老了，也记不清楚了。

Q：嗯嗯，爷爷，今年正好是新中国成立的七十周年，我们开展这个"铭记历史，不负远期"的一个主题教育活动，让我们这些新时代的青年能够挖掘更多的咱红色的沂蒙精神的元素，来指引我们未来的发展。

A：嗯，你们的想法不错啊。你是哪的人啊，小伙子？

Q：我是册山西边哪里。

A：册山我知道。册山俺亲家，离这有四十五里路。

Q：恁亲家？哦，您知道那里。

A：那个罗庄、付庄、汤庄……那些煤矿没我没去过的。

Q：嘿嘿嘿，我是付庄镇的。

A：你是付庄？

Q：嗯嗯，付庄。

A：付庄，付庄那时候有个供销社，有个旅社，我经常在付庄住。那时候我在砖厂里搞外调。

Q：哦哦，爷爷你到的地方不少来哈。

A：那还是八五年、八六年、八七年，哎那个时间，那个时候恁（你们）还不大。

Q：哈哈哈，像我们，我们都是九八年的。

A：哈哈哈，那还没有你们，现在看你们真好啊，你们这些青年都是国家的栋梁啊，国家的财宝，哎，老人的愿望，嗨嗨。

Q：是啊，那个尤其是我们吧，我们就是想通过这次的一个访谈，让更多的像我们这么大的年轻人，能够对这一部分历史多了解一下，不要忘记。那咱现在就开始行吗，爷爷。

A：恁都是大学生哦，行行行。之前有北京大学来的，南京大学来的，青岛大学来的，今年暑假来这三伙了，加上你们已经是第四伙了，你看，上面这张就是我们在大队的合影。

Q：哦哦哦。我们在济南那边上学，我们几个都是咱这边的学生。

A：济南我去过，这不抗日战争 70 周年，在那里开会，叫我去的济南开会，搁（在）济南开会住那个隆福医院（老人家记错了，隆福医院在北京），后来开会呢，待这个济南南郊宾馆开的，姜异康书记讲的话。

Q：哦。

A：建国 70 周年，可能要我去参加这个国庆节的。

Q：行哈，北京啊。

A：嗯，头两天上县里查完体了。

Q：哦，查体啦？

A：嗯，查体问题不大。

Q：得坐什么车去啊，火车？

A：那咱不知县里怎安排哦，嘿嘿嘿。

Q：哈哈哈，是是是。

A：恁要问我哪方面的？

Q：就是关于支前运动，支援前线，时间大约在 1946 到 1949 年左右。

A：四八年的阴历（农历）九月，共产党到了这个，过了阳历年回来的，这个全国大军南下，哎，一开始搁孟良崮消灭了七十四师，这个解放了济南，接着就南下了吧。南下了呢，这个俺是莒南跟临沭两个县的民工，那时候郯城县属于国民党驻地，就俺这两个县的。一打开始去呢，俺这个名叫什么呢，就是预备役担架。

Q：预备役担架。

A：用着就用，用不着就是跟着走，预备着，没定日期，哎。俺村里摊上 25 口子抬担架。

Q：这个 25 口子是怎么出的？是自愿的还是安排的吗？

A：就是村里派的。

Q：派的，是吧。

A：哎，派的，得争取要壮年。因为那时候我还不是壮年啊，我那年才

18，那年是派的俺哥。俺哥呢是得过两次肺肿，不能出大力，走路喘不开。我就跟着俺哥，我替俺哥去的。我因为打小吧，11 没有娘，17 没有爹，我就跟着俺哥，这所以说呢他摊上这个事呢我就替他办。一开始呢在咱这个（里），先奔的泉源，奔郯城，上 XX，上 XX（9 分 50 秒），早晚一气儿到了运河，运河现在 XX 县城搁运河嘛。到运河呢，碰上碾庄（9 分 55 秒）战役了。打黄百韬。

Q：嗯，碾庄？

A：碾庄会议，小 XX（10 分 02 秒）那个车站，叫碾庄子。这个黄百韬部队在那呢。

Q：碾庄在哪？

A：碾庄子，小 XX 铁路嘛。这个，过去运河车站就是焦盾，焦盾过去就是碾庄子。

Q：碾庄离这有多远？

A：离这里，现在得有二百多里路。

Q：二百多里路啊。

A：嗯嗯，在徐州东了，俺这里离徐州得三百。

Q：你这是四八年，四八年底跟着一起走的是吧。

A：哎，是的，跟着一起走的。经过了淮海战役，打黄百韬。黄百韬这个兵团在哪里去的呢，在连云港撤回去的，咱共产党的兵搁哪里去的呢，在宿迁过来的。那边待宿迁过来的，这边往那去的，在宿迁往那截的，所以说呢在碾庄子把他掐断了。掐断了呢，这个战役就开始打了。在碾庄子西了，后来就跑徐州去了，这个兵团。这个农村，这个碾庄子农村，碾庄子东这伙呢，这个就投降了，哎，缴枪投降，哎，就成了解放军了。过来以后开了两个会，连军装都不换，接着就下去打。国民党这个部队吧，这个性质不行，他给咱中国共产党的性质不一样。共产党的部队是自愿参军，他（国民党）是抓壮丁。哎，好比你这个村子来了任务要几个兵，好比我当保长，他国民党叫保长不叫村长。

Q：哦哦。

A：我们张三小孩、李四小孩还行，黑天半夜的就他逮犯人一样的，逮去他。逮去他当兵你说他能打仗吗？

Q：是的。

A：咱这边是带着大红花参军的，这是什么心情，这所以说国民党失败就在这里。

Q：是的，他（国民党）那都是一些空数字，他那么多人都是空数字是吧。

A：哎，是哒，这个呢，它是官僚主义太多，他不跟（如）咱这中国人民解放军。人民解放军呢是官兵平等，当然，领导得说话算数。按人的政治上呢是平等的，不是敢说你当官成天老爷了，你不当官成孬种了。他（国民党）所以说呢，他不撑打。这待碾庄子完了以后呢，这接着就上了徐州，在徐州呢转了几天，徐州没用打，徐州没用打这不是呢，在徐州有个飞机场，飞机场有个火药库，在这个早上的四点上，天不明，这个火药库失了火，这说实在的都是共产党的事。能巧就失火了是吧，咱共产党在国民党那边进的人不少，起义的不少（意思是不当国民党了）。四点钟火药库失了火，一个劲地响起，响到什么时候啊，响到十一点多，白天的十一点多，就一个劲地响起。徐州城里呢，俺也晕晕的，也不知道那怎么弄的，你这徐州城里当兵的也跑，老百姓也跑。哎，就顺着这个新浦铁路往南跑，到这个徐州南了，叫南徐州，也叫南徐县，哎县城。到这个地方呢，这不淮河以南是蚌埠，蚌埠那边呢住咱人民解放军。蚌埠那边一截，他（国民党）在这个徐县呢不回头地下西南了。下西南，河南省有个襄县，到襄县，襄县前边有个河叫漯河，通淮河，也通这儿（15分40秒），河那沿，就在蚌埠，咱去的解放军，在那边截死了。他（国民党）有河也过不去，解放军在那边他也不敢过。所以说呢，在襄县，接着就有战役。在襄县这伙子兵（国民党）是哪里的呢，是从台儿庄撤回去的，在台儿庄撤到徐州，在徐州朝那跑的。接着这黄百韬这半个兵团，半个兵团在襄县战役打了58天，这58天下了三场大雪，哎。共产党就有个特长，打仗越下雨越好，越刮风越好。

Q：奥，有吃苦的精神。国民党是不是冻得就跑了。

A：他这个国民党的部队呢，他不吃苦。下雨不干，让他不干，怎着不干，它是自在兵，它是资本主义的兵，不是共产主义兵。所以说呢，在襄县战役一完，他（国民党）因为怎着完那么快的呢，它里边的当官的，这军长师长，包括旅长一级的都跟飞机跑了，那团长捞不着跑，那他上边都跑没了，人家直接出声明了，缴枪投降。

Q：群龙无首了。

A：哎，头头都跑了，谁还去打仗了，明显的败仗，送命的。

Q：就是军心乱了哈。

A：哎，这接着那以后呢，那可也是军装没换，开上几个会，你想家走的家走，给你路费，你不想家走就跟着共产党干，没一个家走的。

Q：就是那些国民党。

A：他都老百姓啊，都是全国跟着打仗，都是贫下中农小孩啊，他因为什么呢，都是被抓的壮丁。

Q：嗯嗯。

A：他抓壮丁也是抓的咱贫下中农的小孩呀。

Q：是啊。

A：地主……他也不抓，哎，他还抓的咱贫下中农小孩，所以说一俘虏过来那他（国民党抓的壮丁）就跟咱共产党一心。

Q：是的。

A：这接着在这儿，在这以后呢俺就过了淮河，黄河还搁后头。

Q：去了这么远吗？

A：嗯，小蚌埠。

Q：最远到哪里？

A：到蚌埠。

Q：嗯嗯。

A：安徽蚌埠。安徽省会不在蚌埠吗？

A：是一百多天是吧总共？

A：一百多天。

Q：一百多少天？

A：具体多少天俺……

Q：一百多天是吧，从九月到……

A；九月到……凡正是过了阳历年来家的，三个多月，不到四个月。

Q：不到四个月哈。

A：不到四个月，按原来说的呢，是没用七天，跟着使劲往南走。

Q：你们去的，有领着你们的吗，有领队的吗？

A：领导的啊，哎吆嗨，班、排、团、连，板正的（正规）。

Q：就是你们民兵，你们算是什么？算是农民组织还是什么？

A：农民组织的这个。

Q：有编号吗给你们？

A：哪有，没有。

Q：没有编号。

A：就担架队、运输队。

Q：担架队、运输队？像你的话，像咱这个担架队、运输队有没有分成哪一队哪一队。

A：有有有，这个成班成连成排成团。

Q：哦，你们也是，是吧？

A：这个临沭县一个排一个团，莒南县一个团，咱那个团长我还想着了，副团长，副团长姓张。

Q：他是，他是什么呀，他是哪种？

A：团长啊。

Q：团长之前是？

A：团长这些吧，团长都是咱县里派去的。

Q：哦，县里。

A：就是和旅长一级的干部。

Q：就是咱县领导领着队，咱这些老农民跟着。

A：这个当营长的呢，也是从县里去的，这个当排长、当班长的就不是的了。

Q：咱当地的一个头子什么的哈。

A：这个排长是咱大队的，那时候当还没掀开亮吗（没公布）。

Q：哦，没亮开。

A：叫指导员，那都是大队的党支部书记带队。

Q：是啊。

A：俺那个排长是哪个庄的什么，叫张什么。

Q：哎，话说那时候，那时候还没开始，就是那时候就已经把他（大队书记）共产党的身份亮出来了吗？

A：没有没有没有。

Q：没亮出来吧？

A：新中国成立以后才现党。

Q：对啊，那时候都不敢。

A：那时候都不叫书记，叫指导员

Q：那指导员的话，你们也不知道指导员是党员。

A：不知道他是党员。

Q：哦，不知道他是党员哦。

A：好比，你我咱三个人，我也不知道你是党员，你也不知道我是党员。

Q：对，都不能，都不知道。

A：互相不知道，就偷偷地开个会，知道一个半个，大部分都还不知道。

Q：大部分都还不知道。

A：是保密的。

Q：那时候就是国民党特务特别多是吧？

A：哎，那。

Q：就差不多能理解，咱共产党派什么，派地下党去，那边也派地下党去。

A：那个七十四师不就住俺这了么，住俺庄上三宿，走了吧。走了接着奔莒南，到莒南奔的这个沂蒙山头嘛，在沂蒙山头上叫他裂倒（收拾）了吗。

Q：他国民党哈。

A：七十四师国民党最好的师。

Q：王牌师队。

A：哎，那是蒋介石的恩人。

Q：他叫啥来着？

A：张灵甫嘛，张灵甫就说跟蒋介石什么亲戚，是啊，张灵甫那个红色电影还看啊。

Q：《亮剑》那个。

A：那就从莒南一开，七十四师一害怕，他就不打了，他就往南跑，这个呢咱共产党机会就多。你就过了江，以后南京没用打，他（国民党）他在镇江这里，部队给他掐断了，失去联系了。上海没用打，在浙江就掐开了。他为什么没了，到了海南岛打两天，这不是林彪指挥。到这蚌埠以后呢，搁着林彪回来了呢，当地政府又组织了这个服务队了，因为带着这个是俺个累赘，得吃饭呀。

Q：是啊。

A：再说离家时越来越远了。

Q：太远了，是吧？

A：哎，这个胜利呢，一个一个胜利不用打了。

Q：蚌埠离这里有多远呀？

A：哎呀，咱到蚌埠得说七百多里路。

Q：七百多里路啊？

A：在徐州。

Q：七百多里路的话比去济南远多了，也差不多，到济南也三百公里，比上济南远。

A：比上济南远，这不临去是步走一天一夜。

Q：我说咱临去的这个路线是不知道的吧，回来的路线是知道的吧。

A：回来的路线那就不用说了。

Q：回来的这个路是不是都已经解放了

A：那时候早胜利了吧，俺在蚌埠住的时候。蚌埠这不，淮河北不是有个桥吗，桥让国民党炸坏了。这个淮河以北，咱这个铁路线啊，从济南就通到了徐州了，这个火车。这个小陇海，这个新沂在徐州这不是小陇海么，这里呢都恢复了，全部都正常了。俺临来回来，在蚌埠过淮河，就我刚才说的南徐州啊，在南徐州上火车送来的。

Q：哦，直接坐火车回来的啊。

A：坐火车坐着来的。火车，哦，他不是现在的火车哦，他好歹有个铁盒子，上去坐着就行了。首先新沂，俺待新沂下来的吧。

Q：新沂不是离江苏很近。

A：一百三十里路，在新沂下火车以后呢，你看这个干劲多大。俺离新沂一百三，在这个新沂下火车呢，是这个下午的四点，起那里下火车，一派（气儿）来到家，来家几乎要天明了，你看这干劲有多大。

Q：哈哈哈，是想回家了，走了三个多月。那你回来大约用了多长时间，从前线一直回来大约多长时间？就是说你从蚌埠回来大约多长时间啊？

A：从蚌埠回来的呢，就四天的时间。

Q：从前线退下来的时间就四天啊。

A：在蚌埠过淮河，步行到了南徐两天，在南徐上火车拉到徐州。

Q：几天火车坐了。

A：拉到徐州在徐州又住了一宿，那时候小陇海跟这个铁路车还没有那么多哈，第二天在徐州上火车送新沂，一天就一班车，下午俺走到新沂呢就四点多了，俺下了火车一派来家了。

Q：大约多少人你们这一批，回来的有多少人一批啊？

A：25个人都回来了！

Q：就你们村上这25个人啊？

A：就整个的俺这个临沭团都回来了。

Q：临沭团都回来了啊，在这个过程当中有牺牲的吗？

A：没有。

Q：没有哈？

A：俺这个哈就在萧县打仗，不让近前方。你就近前方，人家部队自己搞。俺都上第一站张新集，人家部队吧在上边，俺去接任务，第二个站叫朱楼，第三站到徐州了，第四站就到这里了。

Q：哦，你们这一批就是预备担架队是吧？

A：就叫预备役，不定时间，胜利早了就早回来了，胜利晚了就……

Q：你们的任务主要是抬担架的是吧？

A：也不是抬担架的，也是运输队。

Q：也是运输队。像咱庄上这 25 个人去的是什么队？

A：俺这 25 个人吧才有四副担架。

Q：四副担架，一副担架得五个人吧？

A：一副担架是四个人。

Q：四个人啊，我那时候在济南做采访的时候，他们是一副担架五个人，四个人抬担架，一个人背行李。

A：俺是那样的，临去的时候呢，俺庄上是 25 口人，弄了四个担架，四个小推车。

Q：四个小推车啊。

A：他临去抬担架不用人多哎，这个小推车不光用推东西。俺们的吃的也得推着。后来呢，担架少了呢，就使车子。阴天下雨车子不能推了，得使担架去抬啊。

Q：你像咱去的时候，咱担架队是抬着空的担架去的吗？

A：空着去的。

Q：小车是推着粮食去的吧？

A：小车不，也不是推着，还有粮站，这站走到那站，不是在家推去的。

Q：哦，我说那个车是你去到之后再推是吧？

A：人家有站。

Q：去到之后安排任务是吧？

A：好比你今天朝那送呢，那个站你写个介绍信，就直接到那里去领了，人家板正的，管哪里都有站，兵站啊。

Q：就是咱去推粮食，一般也不远是吧，指定那个地方让你去。

A：也就三十里二十里的，这离粮站不太远，粮站安排得相当保密。一开始是运的小米，到了徐州一解放了，徐州就不吃小米了。得的人家徐州国民党粮店，人都是大米，咱就吃大米。

Q：咱打下来就吃他的东西，呵呵。

A：咱山东都是小米，到那里成大米了，那时候我还是青年了，我也不害（怕）瞎（丢），大部分都是黑夜出发。

Q：都是晚上走是吧？

A：白天有飞机哎。

Q：就是白天有飞机，这样规模还挺大的，这样一个团得有多少人啊？

A：那一个团三个营啊，一个营也三个连啊，一个连一百多人啊。那一个县得……

Q：一个团得九百、一千多人吗？

A：那你那一个营就三四百了，你那三个营不得很多人了？

Q：一千多人哈，走的话都是一起走是吧？

A：这就是跟部队一个性质的，听命令的，服从命令的。

Q：那咱就是从家里，就是那个团长领着咱们去前线是吧，到前线之后，再跟着前线走是吧，是这样的吧？

A：是的是的，俺来了是吧，人家团长营长都没来，人都是国家干部，老百姓都回来了，人在那里接受任务，在当地搞民兵工，还叫他们带队啊！

Q：他们有经验，有组织能力。

A：他们接着带队。

Q：是啊，还有一个，咱在路上去的时候这些吃的是怎么解决的？

A：这一开始是带了四天五天的熟食跟咱这个山东煎饼，临走九月天气，带着棉裤棉衣，防备着过寒天的。这个解放徐州以后，那不是还发了部分鞋给我们，鞋也穿坏了，成天下雨。解放徐州还发了部分鞋，有缺袄的发袄，没棉裤的发棉裤。

Q：这些东西就是咱农民支援的一些东西吧。

A：我说发给俺们的这些东西哈，这都是得解放国民党的仓库。

Q：我说，国民党的这些应该是怎么弄的？

A：啊？

Q：国民党的这些东西应该是强取豪夺的是吧？

A：他抢不走了啊。

Q：我说国民党的这些东西是怎么获得的你知道吧？

A：他原来在那住，人也是粮库粮站板正的啊。

Q：他都是收上来的吧？

A：都是收上来的，国家发个他的，米面、衣服、枪支弹药不都有仓库啊，咱共产党不也板正的嘛，一样的。不说兵马未动粮草先行吗，部队不管上哪里，你得先把粮食准备好哦。

Q：那咱一般走在路上的时候就没有吃到一般老百姓家里吃到的饭是吧？

A：没有没有没有，人一般有伙房，一个连一个伙房，一吹哨子就吃饭。

Q：那个伙房就是咱们自己带的粮食是不？

A：不，一抹（经）过徐州，就跟部队拿了，就跟人部队待遇一样的了。

Q：是是是，还一个就是咱当兵的时候怎么给咱说的呀，爷爷你家里弟兄几个呀？

A：我弟兄四个。

Q：弟兄四个，你是老二是吧？

A：我是老四，老三老二都是革命的。

Q：哦，他是当兵的。

A：那不，我老三南下干部，那还是六二年（1962 年）照的，去世了，今年 91 了。

Q：他比你大三岁？

A：大四岁，额，大两岁。这个俺二哥，鬼子一投降就任码头税务局局长，得病死了。

Q：哪年去世的呀？

A：这个病搁现在也说是癌也说是气累，就得那个病，正好来的国民党呢，没人管，也治不好，去世了。

Q：哦。爷爷喝点水。

A：我不渴，我不喝水。

Q：那他大约是还没解放完就去世了吗？

A：没解放，国民党还没来。

Q：哦，国民党还没来啊。

A：鬼子刚投降。

Q：四六年是吧？

A：四五年鬼子投降，他原来在十字路，鬼子一投降把他分到郯城码头上了。

Q：奥，码头，码头挺近。

A：也得有七十多（里路）。

Q：到俺家得有二三十里路。

A：怎是付庄，码头到付庄也得三十多。

Q：三十多点。

A：那个到付村都得二十多，怎还在付村北了呢……我这个二儿媳就是黄山，我孙子现在是罗庄，我一个孙子当兵的，原来就在这边，后来上了浙江，拉练上山西了，那天来电话说真热哦，山西高温不下雨。俺三哥一家人都在上海。

Q：那个爷爷还在是吧。

A：不在了，一三年死的。

Q：哦，一三年哈。

A：总书记呢是阳历的十一月十三号来的，哦，十一月二十五号。

Q：十一月二十五，是因为什么呀？我们都在网上看过你的视频，都看完了，爷爷你讲得就是好啊，在网上咱这边临沂电视台采访你的是吧。

A：是的是的，经常访。这不采访的这六年不是，这采访的哪年都不断，尤其是暑假，大学生这学校都来太多。

Q：对，我们大学生都想，我们这叫暑假社会实践活动。

A：这不是主席来的第二年，他不是寒天来的吗，过年的暑假上海复旦大学的来的，这个河南什么大学，那这两年咱山东大学、青岛大学、临沂大学来好几趟，这不今年北京大学、南京大学成天来拉呱。

Q：临沂大学方便，嘿嘿嘿。

A：真好。

Q：就是咱上前线做工作，像你就是担架预备队是吧，怎么动员咱去的呀？

A：不用动员，叫谁谁得去。

Q：就是安排的任务是吧？

A：那个村长，共产党不是村长嘛，村长给你庄上摊（分到）多少，交谁谁去。

Q：你说的是你家的二爷爷和三爷爷都是当兵的是吧？

A：嗯，他革命。

Q：那这个任务应该是派给你大哥的是吧，但是大哥不能动。

A：得过两次肺病，走路喘不开。

Q：他比你大几岁呀？

A：那他，俺大哥比我大二十。

Q：哦，那时候他都快四十了，三十七八了吧？

A：那我十八他不三十八吗，大二十呢。

Q：你姊妹几个呀？

A：姊妹我就一个姐，哎，我一个姐，我姐夫在爆炸队里当官，那时候四七年有爆炸队啊。

Q：爆炸队啊。

A：就是埋地雷的那个，这个爆炸队的供给员吧，也说是部长也说供给员，我还有个叔家的姐夫爆炸大王马宝才，这个名你还想着。

Q：听说过。

A：那是我三姐夫，俺南下的时候这里的营长就是他当的，南边回来以后回咱临沭县当武装部部长，后来上济南，这去世了，也有好几年了。

Q：你大哥是最大的吧在家里？

A：俺大哥最大，俺二哥第二，俺姐第三，老三第四，我第五。

Q：你二哥的话比你大多少岁啊？

A：俺二哥比我大十七。

Q：姐呢？

A：姐，比我大十五嘛。

Q；十五哈，老三呢？

A：老三按周岁比俺大两岁。

Q：哦，大两岁呀。那时候你父亲得六七十了吧。

A：那我父亲死那年不大哦，我父亲五十六死了。

Q：哦哦对，支前的时候您父亲已经去世了。

A：到四六年、四七年就去世了。

Q：但是我听说就是家里有当兵的就不用……

A：不对不对，那时候不讲这个，你有几个儿干几个儿，俺曹庄有个刘大娘，六个儿个个当兵，没一个不当兵的。

Q：哦，不是自愿的那个，如果当兵可以去，自愿的话可以。

A：人刘大娘做的大花轿，俺庄上有个白曹英，坐着大花轿一天送两个嘛，大儿二儿，送那十八天就死了嘛，在临沂死的，接着那些小的都送，就撇（留）着个小六，这个小六因为什么撇的呢，因为伤了脑子，参军以后不能在部队上，喂马，当马夫，就撇这个小六，旁没撇人，那五个儿都是打鬼子打死的。

Q：打鬼子打死的啊！

A：打鬼子，打临沂。

Q：哦，我的意思是这样的，家里如果有两个当兵的话，庄上安排任务的时候，他会不会考虑你家已经出了两个壮丁去当兵了。

A：不会，不管那个，需要就上，他不管那些这个。

Q：哦哦哦，不讲哈，不过其他地方，我听济南那边有这种情况，你家里有四个的话，就要去两个，你家里要有当兵的话可能就会不让你去了。

A：那是四九年以后，四九年以后还有那个规定来，独子还不让当兵来。

Q：是是是。

A：那是四九年以后啊，见过以前不管你几个，你难得能干就得干。嗨，那时候当兵，喘不开的也得当，腿瘸的也得当，哎，你难得扛动枪，你反正多一个比少一个强。

Q：是啊。

A：你像俺庄上那谁，走路都喘不开，也去当兵了，这当兵换军装了，看看实在不行，回来来家了。

Q：哎，咱村上都是昌子辈吗，像你们这么大？

A：俺姓王的呢是家谱上弄得，"裕方勋继昌，经济保家邦，文武永定有，富贵万年长"这20个字，俺现在我姓王的呢我是十四世，俺姓王的来到朱村五百年了，哎，我是十四世，现在到了二十世了，二十世就是二十辈人了。

Q：哪几个字来着，有笔吗（询问其他志愿者）？

A：找笔的？

Q2：你包里有。

Q：哪几个字呀爷爷，你们家谱上哪几个字呀爷爷？

A："裕方勋继昌"。

Q：哪个裕啊？

A：我还弄不清了哈哈哈，方便的方……

Q：我们回去查一查，那咱的孩子也，咱的孙子，有重孙子吧，重孙子也是按照这样起的吧？

A：都是这样起的，俺儿……（老人说起家里成员的辈分）

Q：现在像我们这样的还按照这个起名字的很少了。

A：现在上学都胡改乱弄的。

Q：对对对。

A：你贵姓啊？

Q：我姓张，弓长张。

A：怹姓张的也有家谱。

Q：我们村上没有，不过我们村张庄村，东三重你知道不？

A：俺这个家谱了不得哦。

Q：去拿两瓶水来吧，在车上（对其他志愿者说的）。

A：你看俺这王室宗谱。

……

（老爷爷给我们看家谱并介绍）

Q：应该是四世修订一回吧？

A：俺这家谱哈，起二世就开始修，六世又重修，八世修十世修……

Q：是啊。

A：俺庄上哈，这个村史搁咱山东第一家，哎，历史村史，搁咱山东是第一家，旁没有，旁有不全呼。

Q：我见有一家，但是没有你们这个厚。他是孙氏，唐庄你知道吧？

A：唐庄我知道，唐庄姓孙嘛。

Q：现在唐庄孩子姓孙的多，搬到我们那里住的，就是去年我采访他的。

Q2：爷爷你喝水。

A：我不喝我不喝。

Q：就是我采访他的时候，他就把他的家谱给我看了看，也是这样修订的，但是好像没有你这样的厚，没有这么多。

A：俺这个比较多，分支，操事的都有一份，俺门上就我一份，不是家家都有啊。

Q：是啊，像你孩子没有是吧。

A：啊？

Q：你孩子没有是吧

A：有，就是分支谱。这几年我搞了三次……（什么时间搞得）

Q：你弄的是自己的，是自己家的哈。

A：俺搞分支谱的时候（老人给我们看照片介绍搞家谱的成员）现在他是俺老族长，还是他领导。

Q：现在还是族长制啊？

A：他是临沂公安处处长退休。

Q：这个是你哈？

A：这个是我，嘿嘿。

Q：几年啦？去年的啊？

A：这些事都得有人操持啊。

Q：是啊，都是用心啦。

A：那当然喽。

Q：不用心的话这些东西早没了。

A：哎，俺这里发这个（家谱）的吧都是起骨干作用的，哈哈哈。不起骨干作用不给他这个。

Q：那爷爷，那现在的话，那时候当兵有没有粮食的、物质的奖励呀？

A：没有没有没有。

Q：没有这些吗？

A：那时候够吃的就行。

Q：不是，好比说你家当兵，给你家点补助。

A：没有没有，要去当兵，这个土地给种上，代地吗。

Q：给地是吧？

A：不，你自己不是有地吗，你劳力走了不能干了吧，就叫旁人给你干，旁人给你种，旁人给你收，代地嘛。

Q：哦，代地。就是找其他人帮你劳作就行了。

A：劳力去当兵去了，这个地呢分给旁人给代着，代着给好耕的耕，好种的种，好收的收。

Q：是啊。爷爷我还想问一下，就是日本鬼子打跑了之后，是四五年的几月？咱这边鬼子是什么时候走的？

A：他不是四五年声明投降嘛，全部都是四五年走的，没到四五年郯城临沂就（把鬼子）打跑了。

Q：哦，没到四五年就跑了哈。

A：俺想着，四四年在俺老林子打仗的，大队的那个怎没去看吗？

Q：去的，我来得晚一些，还没去，哈哈哈。

A：钢八连啊，这不上年，原来俺有个抗日纪念碑，后来主席来了以后不又修了个大的吗，怎没过去看吗？

Q：去啦。

A：这不是一一五师四团还有钢八连打鬼子的纪念嘛。

Q：咱这边把鬼子打跑还挺早啊！

A：打跑了呢，打郯城打临沂，后来呢全国（鬼子）都投降了呢，咱这里乡下就没了。

Q：谁管咱这里呀？

A：谁管这？

Q：就是打跑鬼子之后是谁接管咱这里，是国民党呀还是共产党呀？

A：打鬼子啊。

Q：我说把鬼子打跑了之后，咱这边是共产党先来管着咱还是？

A：共产党啊，大型的呢是国共合作。实际咱这里呢都是共产党打的。

Q：对对对。

A：共产党就在咱这里是根据地啊。

Q：他打跑了所以说咱这里是共产党。

A：咱这里是共产党打跑的，他那江南消灭鬼子是国民党打跑的。

Q：是啊是啊。

A：为什么这蒋介石不够意思啊，这不四五年鬼子投降，国共合作打了这个日本鬼子，四六年他反过头来，他又来打共产党，你说人家服吗，不够意思啊？

Q：是啊，他那时候仗着自己人多武器好。

A：人多、钱多，比共产党富。

Q：他想一家独大。

A：哎，他那个兵不行，他一百个兵不跟咱中国共产党十个兵。

Q：是啊，哎？你还记得咱打鬼子的时候咱庄上有没有日本兵啊？

A：日本军？

Q：就是在咱打鬼子的时候，那个鬼子有没有来过咱庄上啊？

A：在俺庄上老林打的嘛，就是在攻击俺庄打的嘛，那时候临沭县县政府驻俺庄上，他来打县政府的。

Q：哦。

A：这个四团三营呢在俺庄上是整训三年，这打仗那年他上河东住去了。这里呢驻的二连，保护县政府的，这个鬼子是从李庄来的，先奔黄庄，在黄庄上去的。这四团三营呢，这三个连，枪声是命令呢。没用团长下命令，团长他知不道（不知道），这八连主攻，九连……七连……就八连和二连在和他拼的，这不八点钟接上火，到十一点钟，那个庄上的老百姓都跑了。

Q：嗯，我说那时候打鬼子的时候，鬼子在咱中国的时候，咱村庄附近没有鬼子吗？

A：附近啊，打这里十里路就有鬼子啊。

Q：十里路就有鬼子啊？

A：有鬼子啊。

Q：有鬼子据点吗？

A：据点啊，炮楼嘛，大道十里路某地，北边十五里醋庄，再朝北那个什么幌子。

Q；醋庄那边有鬼子啊？

A：那什么幌子，北边什么（老人思考许久）黄庙，这不李庄大炮，醋庄黄庙都是鬼子。咱共产党就在这个地方，河东沿。到南边十五里了以后就属于郯城的了，就汉奸地了。

Q：那这样的话，鬼子都住在据点里面啊？

A：据点啊，炮楼啊。

Q：就是他没有上村上来住是吧？

A：没有没有，他没来过。

Q：他不敢哈。

A：他因为这庄上吧，共产党一来，就没断队伍，这三个大队先来的，后来来老四团。

（突然老人的重孙子打来电话，老人和重孙子聊天很是亲昵）

A：他上学，今天星期天。

Q：多大？

A：六岁了。

Q：上辅导班吗？

A：上辅导班，他在郯城上幼儿园，这个县城的幼儿园没放假，农村幼儿园放假了。

Q：是的。

A：他一家在郯城，在纸板厂工作。

Q：你大儿，家里有谁？

A：俺二儿，俺二儿原来在俺这边的，黄山你知道吧，黄山干完了来家了，这去上海了，上上海打工去了。

Q：就你在家里是吧？

A：没人，家里就我跟俺二儿媳妇，俺一大家人就没在家的。俺哥一家，俺哥三个儿，临沂、郯城包括几个孙子，六个孙子全在郯城、临沂。郯城三个，临沂三个。俺老三在上海，光有女孩没有孙子，他没有儿没有孙子。我是两个孙子两个儿。

Q：爷爷就是咱家土改的时候，您两个孙子两个儿，没有闺女啊？

A：我三个闺女来，我三个闺女，外甥外甥女都在外边工作。俺家没有打庄户的，俺这家庭吧，历来就不打庄户。搁着牵扯什么呢，牵扯白涛，这个东北办事处，白涛办事处主任，白涛，白主任。白主任呢他住的是俺表姐家，他来的时候呢住着俺家，所以说俺家里，包括俺姑家他表哥姐夫什么人都是为白涛，都是以白涛的名义出去干的，都认为自己认人啊。所以说俺都是革命的，没有打庄户的。干等着说你怎打庄户呢，我这个弄到节骨眼去了。从小没有娘，十七没有爹，跟着俺哥嫂，我跟俺侄一样大的，能供应上学，只供应一个，两个供应不起，没能出去。

Q：是啊

A：这就是命，所以说我这会又见总书记呢，这我也是命，哎，这个命比什么命还大。

Q：嘿嘿嘿，就是咱打完鬼子之后就是咱共产党在这边主事是吧，主事的时候他做过哪些工作啊？像做土改，他是不是来了之后就给咱做土改了呀。

A："土改"，那四九年前就完了，白涛在这里当县长的时候就搞了。

Q：搞了是吧？

A：这不是四五年鬼子投降嘛，四六年就开始减租减息。

Q：哦，减租减息。

A：哎，减租减息，这个四六年的寒天就开始土改，四七年那大型的土改。

Q：大型的土改。

A：这个四八年呢，土改就基本完了。

Q：他不是四六年下半年又打起来了吗？

A：四六年下半年国民党又来了，来了这不减租减息又打乱了吧。打乱了，这四七年，四七年的夏天，四七年的阴历四月份，共产党又打过来了。

Q：又打过来了，打跑了是吧？

A：这到四七年呢这不来个大运动，哎，那得，那不是减租减息了。

Q：就土改了。

A：富农扫地出门，哎，有的地方蛮有砸死的。

Q：我说那在这四七年的夏天就开始大整改是吧，那到四八年的九月份在咱这运动一年了吧？

A：哎，一年，到四八年管什么就结束了。四九年以后国家平稳了。平稳以后呢就开始搞这个水利建设了。

Q：是的是的是的，我是说他来了一年之后……

A：他（国民党）是四六年的寒天来的，四七年的春天又跑了的，浑数寒天到春天五个月。

Q：国民党哈。

A：哎，五个月就叫打出去了。

Q：哦，你说的那个四六年的减租减息没有进行土改是吧？

A：那时候也属于土改啊。

Q：也算是土改了是吧，分土地了吗？

A：有捐献的嘛，朝外捐献地，有的呢脑子不宽阔的不捐献的，就拿块地，这是四六年。四七年呢是大复查，四八年呢就什么事都搞好了。

Q：咱家的那时候定的是贫农是吧？

A：俺不是，俺是老中农。

Q：中农，老中农哈。家里那时候有多少地啊？

A：老中农一般在三十亩地上。

Q：三十亩地？

A：俺人多啊，俺十几口人呢。

Q：哦，十几口人是吧，你那时候是最小的是吧？

A：我最小呢。

Q：你最小的话，你大哥家应该有好几个孩子吧？

A：俺大哥家，那时候俺那个侄跟我一样大的，那我小时候俺大哥家就四口了，我说那个二哥家也三口了，俺那个三哥家也两口了，也四口三口了，那时候俺姐还有，还有俺母亲那时候。

Q：那时候还没分家吗？

A：没分，俺没分家，怎着分？我没爹没娘跟着俺哥，人那弟俩在外边革命，跟谁分？

Q：哦哦哦，那样咱整个一个大家子在一起的是吧？

A：没分啊，没得分。

Q：是啊是啊是啊，人挺多的哈。以前有这么一个大家子不好有啊。

A：那时候大家子满的，弟兄姊妹五六个，一二十口子不分家的多得是。

Q：有吗？

A：有啊，人家弟兄们和睦，姊妹团结，人就不分家。

Q：哦。

A：人都是家庭有矛盾才分家的，没矛盾哪有分家的。

Q：是啊。

A：你那时候好比有五个儿，这五个儿好比全结婚，才能分家，有一个不结婚的不能分家。你分家这个不结婚的没法带啊。

Q：是啊是啊，还有就是国民党不是四六年的下半年来的吗，他是怎么来的，他是打过来的吗？

A：打过来的，从郯城来的，步撵来的，在这西边山上按的据点，他就无赖，上庄上砸鸡、砸猪，哎，抢粮，人事不干一个。

Q：国民党啊，哎呦，他那部队性质就坏了啊。

A：性质根本就不好。

Q：纪律就决定他失败了呀，是吧。

A：共产党人家是军民团结，哎，鱼水交情，他（国民党）不行，他不顾老百姓。

Q：哦，对，就是这样的话，那时候咱共产党撤的时候是自己战略性的撤退吗？

A：谁个，国民党啊？国民党来的时候咱共产党朝北上。

Q：是朝北撤的是吧？

A：一个劲地往北撤，赶撤着呢，一派（气儿）让他（国民党）把这个山东的地面占完了，大城市占完了，咱不挤到边边上了吗。他这个力量分散，好比咱十个人在一起有劲吧，十个人分你十下里，你没劲了。为什么，共产党就使得这个法，哎，咱这不还不在一块，弄得这伙，弄得这伙国民党还有个才坏（毛病），没命令不打，不是共产党枪声就是命令，打你，上级没有命令我不敢打，他有这个才坏。

Q：哦，他就上那些大县城啊，就分散了兵力。

A；咱这边不行，咱这不就一共子齐上。

Q：对对对对，咱的兵力还是集中的。

A：消灭七十四师，孟良崮，临沂是驻的师，新泰驻的师，莱芜还有驻的一个师，蒋介石下命令叫去支持这个张灵甫，不去，不干！

Q：是啊，听说有的。

A：你应该听说啊，张灵甫他因为什么不干的，国民党蒋介石给他吃双饷，好比你当兵一月一块钱，他呢得两块钱，他的装备都是美式装备，他的衣裳都是呢子衣裳，所说呢这个当兵跟当兵也不服。人家说一客不能二待呀。

Q：是啊是啊。

A：一样的人你两样待行吗，这所以说毁就毁这里了。

Q：嗯，咱共产党的军队和国民党的军队就是天大的差距哈。

A：那是不一样哦，哎，那个差距很大。

Q：有明显的不同，能明显地感受出来哈。

A：那是哦，共产党的部队。

Q：他（共产党）来到之后一般就是给咱做一些工作是吧，为老百姓服务的一些工作是吧？

A：哎呦，你住的，好比三营在这里整训哈，你住谁家的这个卫生、挑水、打扫卫生，有农活他给你干农活，什么都干。

Q：就不打仗的时候啥都干是吧？

A：为什么赶要走的时候想的难受，哎。

Q：是啊是啊，我就是听说老辈的，就是我爷爷那辈的就说哈，那时候就是给那些兵建立联系，有的就是到现在还有联系的，就是说照顾，就是那时候交下的感情，现在都说还有联系的，我们村。

A：那挡不住，现在人共同承认，管谁有本事就没共产党有本事。

Q：是啊。

A：清朝政府当官，做官为宦，当完了，一次给点钱，你家走是吧，这是国民党时期。共产党现在，全国不讲旁的，光这个退休人员全国得有多少，早晚供给到老，这个本事有多大。国民党那时候，你当官不干了，辞职家走了，一次性给俩钱，你家走算完了，往下没有了。现在你看看，老干部！

Q：这说明，咱国家富强了，国家强盛了。

A：这不是死了的还补几个月的，补多少万。

Q：就是那个抚养费，对家里的一个补助。

A：那还得有啊，现在整指什么呢，就是富了，你现在富的什么样，农业税减免，市场开放，照顾老年人钱，各项生产补助。

Q：是啊。

A：太显然了吧，人家说当官也得有能。

Q：爷爷你现在是党员吗？

A：不是的。正好那时候什么呢，我也在俺姐家过，也在俺哥家过，两家轮着过，成了三不归了。

（……

家中来了客户，老爷爷跟村里家里有白事的人家结算生意。

还经营着村里边的白事生意，包括寿衣、孝带、烧纸。老人头脑清晰，老式算盘打起来很顺手。

……）

A：他因为我在庄上哈，好弄这个，他老人（去世）的话，方便。

Q：是啊，每个庄上有这样的哈，要不他就会乱的。

A：这不，我有纸，我有纸

Q：嗯，爷爷，我得问一下关于咱支前运动的，就是那个支前运动啊，咱共产党绝对得做一些宣传工作啊？

A：啊？

Q：宣传工作啊。

A：宣传工作，那你别管到哪里这个宣传队都有啊，人部队上也有宣传队、县里也有宣传队，那俺庄上打仗，县政府驻这里，那全县在俺大园里十八亩操场，按台子，宣传队、扭秧歌弄什么，这个瞎子说书样样有。

Q：是啊。哦，那时候土改的时候有农会吗、农协？

A：农救会。

Q：哦，农民自救的。

A：这个农救会长嘛。

Q：农救会长？那时候有村长吗？

A：有啊，有村长，有指导员，指导员就是党员，那时候光知道是指导员，不漏党。

Q：有村长、指导员、农救会长。

A：有良模、有妇女主任。

Q：妇女主任哦。

A：都有，各个大队了吧下边设旅长。

Q：这些人怎么产生的啊？

A：全是在大队里选的。

Q：咱农民选的还是？

A：农民选的。

Q：就是开大会的时候是吧，是一人一票还是怎么选的？

A：也就是口头表决。

Q：举手表决吗？

A：就是我叫你当，赶开会的时候通过，就是张三某人当什么什么，就这样的。那不是现在投票选举，不是那样。

Q：那时候就是先提名吧，先问问谁当这个？

A：上级领导，委派一个，这通过社员，大会通过

Q：哦哦哦，是这样的哈，我明白啦。哦，那时候，咱家里的经济来源大约是什么？

A：经济来源搁俺这庄上哈，就指着二亩地。

Q：都是种地是吧，没有做过什么小买卖吗？

A：有果树。

Q：哦，那时候有果树啊。

A：哎，有杏树、桃树，这不还有菜园，卖点青菜去，旁没收入，养个猪，那时候没有副业。

Q：是啊是啊，我说那时候就没有想过赶个集啊，干个活呀什么之类的，打个工啊？

A：打工，一打开始那国民党政府那时候，根据地都打工，为什么叫贫雇农的来，就是因为雇活所以叫的贫雇农。

Q：是啊是啊是啊。

A：这个怎着分界吧，这个地主、纯地主、经营地主，富农、富裕中农、老中农、中农、下中农，贫农、贫雇农，这最穷的了。这天天给人家打工、扛工，给人家干活。

Q：我对这几个比较了解，像贫雇农就是家里一点地也没有的。

A：也有地，很少，跟地主打工挣钱，雇给人地主。

Q：那像咱家土改的时候吧是中农是吧？

A：咱不得人家的，人家也不得俺的。

Q：我就想问你这个，没有哈。那时候你感觉"土改"做得好吗？

A：那，那时候咱还是小孩，咱弄不清那些事。

Q：弄不清啊？

A：咱就知道弄过，那时候俺还没上学。

Q：你感觉土改这样的工作应该做得挺好吧？

A：那难得的，上级政策哪有不好的，不好能行吗？

Q：就是那时候老百姓的积极性高不，就是那个贫下中农的积极性高吗？

A：那高哦，那不高能弄起来了吗？

Q：那做这个的时候他（贫下中农）想要，但是又怕地主报复。

A：俺，没含糊那个，不是那样想的。

Q：你认为当时参军打仗和支援前线有关系吗？

A：这个没关系，这个是替国家服务的，这个给"土改"没关系。

Q：土改不是把这些地给了咱吗，把地给咱们了，老百姓的积极性被调动起来了，然后再给他去宣传当兵打仗，再给他宣传去支援前线，之后就很积极啦，有一定的关系吧？

A：四九年以后，当兵，身体不好的也不要。

Q：是啊，当兵，我说解放的时候当兵没什么条件吧？

A：那会对身体也有条件啊，我不是说嘛，俺庄上有个有痨的，都换衣裳了还回来了。

Q：就是那时候真允许去，如果身体真不好的话再踢下来。

A：哎，真不好，也不行。那真不好那光给他治病吗？

Q：是啊是啊是啊。那那样的话，"土改"应该对未来的工作有一定的影响吧？

A：没影响。

Q：没影响，那"土改"的时候越弄人，这贫下中农越团结，越团结越齐心，人要团结，这力量就大了，哪有什么了，那只有好没有孬。

Q：好比说如果硬派你去前线，你要不去的话有什么影响吗？

A：他没有敢说不去的，叫谁去谁就得去。

Q：我就是说为什么有这么高的执行力啊？

A：那时候摊上就得去啊。

Q：是不是因为有什么一个惩罚的措施啊，或者说有什么一个强制的管理手段啊？

A：不是，他那就是硬性的任务，你该摊的，超过十八周岁你应尽的义务。

Q：必须去是吧，不去的话有惩罚是吧？

A：不是，你不去也不行啊。不去有这样的，有的有钱的户不是雇人嘛，他花钱雇人去替他，那样事有。后来不搞水利建设，他摊上不能去，他雇人，不能去雇人去。

Q：是是是，外来人员有来咱庄上搞动员的吗？

A：啊？

Q：我说外面有没有工作组呀？上咱村上？

A：那有哦，那不断哦。

Q：工作组来咱庄上动员。

A：驻点嘛，你就是区里县里都派工作队，历来就有，你现在不是各处村官吗？

Q：对呀，就是他们工作组来了是怎么工作宣传啊，就是开大会吗？

A：是的。

Q：在大会上都讲什么呀？

A：他能讲什么，他都是按国家这个路子来的，他不能胡讲，国家叫他怎么弄他就怎么干，你谁个离远都不行，是吧，那你不是胡搞啊，那得有原则的，有一定的规定。你在这说报告讲话也不能胡讲啊！

Q：是啊是啊是啊，爷爷你那时候什么文化水平啊？

A：三年级。

Q：哎哟，你三年级现在算盘还打得这么好啊！

A：我是因为什么哈，我这三年级人家后来没要，五六年开始合作化吧，我就任生产队会计。

Q：当会计啊！

A：我干了十四年的会计，搁哪里学好了，现学也学会了哈。接着呢改革开放以后七九年，俺大队搞了个副业窑厂，把我叫去当外交，搞外交，幸亏我有文化，始终我这两个字呢没摺。要是起那时候不鼓捣，什么也不认识啦。

Q：是啊是啊是啊。

A：我这个文化吧，边干着边学，就像你们青年人，去当个小学教师，恁一乍毕业，恁就不会干，他年年老师得备课吧，备课就是学习，工作就是学习。哎，这学习呢，他就用上了。再一个吧，你还有条，你就是看现在电视新闻啊，你还学不少。那电视新闻那小字，你要天晚上能跟上，你还能学不少来着，你不认得字，你在上边还不认识，我天天晚上对这个怪关心啊。我这个电视也是国家给我的，这是纪委书记和县委书记送我的，上俺家去了，我现在这个电视是免费的。

Q：那时候有没有挨家挨户动员啊？

A：动员什么？

Q：好比说支援前线是上你家说的还是开大会说的？

A：不不不，直接派的。

Q：他派的话是怎么联系你们啊？

A：你好比你有村长、有旅长，旅长就是多少户，多少户摊几个，你派谁，就是派的，派谁谁去。

Q：哦，就是上面分给下面，下面自己安排。

A：哎，一级级的领导嘛。

Q：哦，一级级领导。

A：人那个一点不乱，一丝不乱。

Q：当时的管理体制管理得挺好的哈，你就参加过这一次支援前线是吧？

A：就这一次不就胜利了吗？

Q：对对对对。

A：那原先打鬼子俺还小呢，打鬼子叫咱支援咱也不能支援哈，人家在老林打仗我才十三，我支援什么，是吧？

Q：是啊，那时候应该是共产党来了一年多才支援的吧？

A：哪里？

Q：打的别处的战争你去支援的是。

A：俺这里共产党来得早，俺这三九年就来了，三九年来的白涛，四零年来的三大队，四一年来的一一五师老四团。

Q：咱庄上领头的是谁啊，那时候叫啥来着？

A：啊？

Q：咱庄上带着你们去的叫啥来着？

A：上哪去？

Q：去支援前线的那个人。

A：俺庄上的？当班长的？王景龙呢，他是党员。

Q：哦，他是党员啊。

A：那时候不知道他是党员哦，那原来他在家里吧他是农救会会长。

Q：哦，他在家是农救会会长，支援的时候带着你们一起去的？

A：嗯，人家是干部啊。

Q：回来也不知道他是党员是吧？

A：那不知道。

Q：等四九年之后才知道是吧？

A：四九年以后现党才知道呗，不现党谁知道。

Q：四九年之后，他以后又当了什么呀？

A：以后啊，以后也就在大队里。

Q：当书记啊？

A：没有没有，也就在农会上操操忙忙的，后来年龄大了不干了，早多少年了。

Q：他党员应该挺早吧，他入党应该挺早哈。

A：咱弄不清这玩意，俺庄上最早的是三九年。

Q：那时候咱一个团，是临沭县一个团吧？

A：临沭一个团，莒南一个团。

Q：咱那些小车呀和担架都是咱自己出的吗？

A：自己的，小车自己的，临来都撂了。

Q：哦，我刚刚还想问的，就临来的时候撂了啊。

A：怎要啊？

Q：就直接坐火车来的吧？

A：难得要来就全撂蚌埠车站上了，就住蚌埠车站上了。

Q：是撂了还是卖了？

A：撂了，这谁还买，撂了那里也会有人使。

Q：没有给补贴吗？

A：啊？

Q：没有给补贴吗？

A：那阵子还有补贴？什么事也没有，为什么问我是模范，我什么模范，难得不死就行了，那时候谁得闲弄这个，管什么都是过好了才弄得，要过败坏了什么事也没了。

Q：是啊。

A：我刚才弄家谱这个，要穷得都要饭，还弄这个啊，是吧。现在国家富了才弄这些事的。你望咱这个总书记，别管多少年的老革命，他都找出来了吧，就因为富了。你像搁江西死的那些老干部他都找出来。为什么？习近平这个头脑了不得呀！

Q：咱们这些支援前线的回来之后有没有一个表扬大会呀？

A：没有没有。

Q：就回来之后很普通吗？

A：回来就回来呗，完成任务就算完似的。

Q：不说开个大会表扬啊？

A：没有没有，那阵子哪有那些事啊

Q：回到家之后亲人应该特别高兴吧？

A：高兴，一家人高兴呗，那个没有，那时候哪有这些事，这不"有家出孝子"嘛，赶有了就孝顺了，穷了就不孝顺了是吧。

Q：有家出孝子？

A：你要要饭还孝顺吗？

Q：哎，爷爷像你们有没有荣誉证书呀，表扬你们的？

A：表扬的？

Q：你的话有没有荣誉证书啊？

A：没有，现在有，是刚弄的。

Q：刚给的是吧？

A：这不是聘书吗，家电协会嘛，哎，我这个电视就是他给的。

Q：噢噢噢噢，是是是。

……

（老爷爷介绍他的荣誉证书，县里给的、临沂给的）

Q：爷爷你这么大年纪记得挺多啊！

A：哦，我一般想得好点，今年不行了，耳朵不行了。

Q：耳朵有点不行了？

A：上年行，今年耳朵不行了，眼也不行了，眼雾浑，就还一个眼，为什么我这个还能写个字。

Q：卫生纸，爷爷这有纸。

A：我有我有，为什么老了呢我还给写写弄弄的。

Q：爷爷呢你帮助我们吧，对这方面的历史也更加了解了。就是说一说哈，现在不是政府照顾你们的生活吗，一个月大约多少补贴？

A：现在一个月一百三十八块。

Q：一百三十八啊。

A：一开始的时候是五十五，五十五涨到七十五，七十五涨到一百，一百涨到一百一十八，一百一十八今年又加了而是一百三十八。

Q：你的话一个月一百一十八的补助，咱村上是不是也有补助呀？

A：没有，以前有，省里呢，县里呢逢年过节的给点，去年就没有了。

……

（客人来送钱，老年人点钱）

Q：得让爷爷喝点水。

A：我不喝水，我不渴，我喝这个，我也不渴，我清早起来吧，喝上碗白糖水，一天也不渴。

Q：哦，不过，夏天你得多喝水啊老爷子。

Q：夏天你得多喝水呀，天热。

A：我不渴。

Q：在支援前线的时候有没有做过特大贡献的人啊？

A：没表达出来，表达不出来，没有那个时间。

Q：没有那个时间哈，就是新中国成立之后也没有？

A：那就提不着了，过去的事了，过去就过去了。

Q：包括现在对以前老人的挖掘反馈也没有了是吧？

A：都死没了。我那年俺这伙子都是三十以上的四十的，正壮年。

Q：那时候跟你一起去的，你是最小的吗？

A：我是替俺哥去的，都是三四十的壮年，不要青年。

Q：你那时候应该是最小的吧？

A：我最小，我最小因为我替俺哥去的，我比俺哥强啊，再说俺哥在家他一家人这，他是主人，我是个闲人。我在家一是跟着俺姐，二是跟着俺哥，两姊妹两下跑。

Q：那时候说支援打仗害怕不？

A：没爹没娘，就跟着哥，跟着姐。打仗啊，俺也不上前线，也不害怕。

Q：爷爷，今年正好是七十周年，我们也想做一个视频剪辑，来教育我们新一代的大学生，在未来学习，对国家变化的认识更清楚，所以你对我们新时代的大学生有什么期望吗？

A：哪有期望，我不是说嘛，咱这些学生都是国家的栋梁，都是国家的财宝，老人的愿望。这不我成天说吗，祝恁好好学习天天向上嘛。

Q：是啊

A：恁这些大学生吧都是国家的财富啊，你没有文化就没有技术，没有技术就不能钻研，你造原子弹、造飞机大炮还了得吗！

Q：是啊，我说的是从那时候日本鬼子侵略我们的时候一直到解放战争，再到改革开放这一阶段，走向繁荣富强啊，我们现在的生活越来越好了呀！

A：那好大劲了。

Q：你在这方面有什么体会吗？

A：我这个年龄吧，什么事都摊上了，国民政府的时候有马子、土匪，这我都知道吧。打鬼子，维持会，后来就国民党，这解放了以后，搞水利建设，这工程那工程都得去抬，这个五三年统购统销挨饿，六一年还苏联的账挨饿，什么样的吃不饱的都有。现在起七八年开始，邓小平南下（讲话），回来，从这个八二年，分田到户，起那时候呢解决了温饱，接着呢开放了市场，可以出去打工，做生意挣钱，这经济富裕了。各村各县都能打工挣钱，现在都挣钱，现在这生活，这不主席来我不说嘛，争取奔小康嘛，我说这四菜一汤也很简单，我现在就达到小康。我现在家里吃饭除了米就是面，不愁吃。我这个孙子十七了，上学煮的鸡蛋都不吃。习总书记他五三年的，他也当过大队书记，一级级上去的，确实是有才，你像现在他讲的这个国家政治，很简单的一句话，不忘初心，这不很好的事嘛。

Q：是啊是啊。

A：他说的这些话三句话离不开老百姓。

Q：是啊是啊。

A：那他有福，那老百姓就有福，现在这经济发达还了得吗。就起他上台，头一条弄的这个治国理政，这是大事。

Q：是啊是啊。

A：接着这个大国外交，凡是国家没有来往的他给他好，十个人帮一个人好帮，一个人啃十个人难啃啊，这不有道理嘛。他走这个路子了不得，你对农村说话，发展教育，你对这个教育提高多好，哪个学校不好好的，你别说大学，你这农村学校也了不得啊，你搁农村上学哪有教学楼啊，你现在农村，你没有钱的不多，那你现在他走的这个路子确实好啊。你古代种地先纳粮，现在不但不纳粮而且还倒给，哪有这样的事。

Q：是啊是啊。

A：这个青年人纳粮种地，你种国家的不给粮食吗，你不给粮食国家吃什么？

Q：就是现在的生活越来越好了哈。

A：不但不要而且还给补助。

Q：就是对我们老百姓的生活关注到了。

A：你别说青年人穿的了，你看我的，这一摞，除了被就是衣服。那个光夏衣就四包袱，寒衣两箱子，穿不败了，知不道小孩买来了，知不道小孩买来了，尤其现在还不坏，（过去）买了一条裤子一夏天完了，我这条裤子够二十年了，它不坏。

Q：是啊，行，爷爷，我们今天能够有幸来采访你是我们的福气，听你的故事对我们也有很大的教育啊！

A：怎来上我脸前了，越来我越高兴，要是高兴了吧，心情来好了，心情一好吧思想观念没有，什么没有，越来越好。咱总书记说我健康长寿，俺这闲拉呱，俺也不死了。

Q：是啊，我们有时间的话还会常过来的，爷爷。

A：为什么，难得怎大学生来，难得想来，咱就慢慢拉似的，越拉越好，越拉越有交情。

Q：对于这些东西，对于这些历史，从你口中说出的我们都是很感兴趣的，因为这些都是很值得回忆的。

A：你就俺大队搞村史，就经常来这里问我，因为我年龄大，经历的事多。

Q：像咱村上像你这么大年龄的还有多少？

A：俺庄上啊，俺庄上像我这个年龄的光男劳力还得有二十多。

Q：哦，还有二十多吗？

A：光男劳力，不光妇女。就连女的都算上哈，八十以上的俺庄上还二百多。

Q：咱村里现在有多少人啊？

A；按这个村哈，按户口是九百户，两千九百口人。

Q：之前呢，就是解放打仗的时候那时候有多少人？

A：那时候少，那时候五八年才将（刚）五百来口子。

Q：那解放的时候，把日本鬼子赶跑的时候人也不多吗？就你小的时候庄上人不多吗？

A：不多。

Q：有四五百人？

A：四五百人，俺庄上二百来户。

Q：五百人左右。

A：现在大部分人都不在家。

Q：爷爷，咱去大队那边拍个照。

A：我把空调关上。

三、调研员心得与体会

2019 年 7 月 29 日，农历六月二十六，临沂市临沭县朱村。

为了这次重要的支前模范的口述史调研，我们团队做好了充分的准备。这一次口述史调研也是收获满满，不仅感受到了红色文化精神，并且真真正正地在朱村红色教育基地体验了一把。对王克昌老人的访谈，让我们真正感受到了老一辈革命家在那个抗战的年代的热血与风雨，也深深地对王克昌老人等那个年代支前民工表示崇高的敬意。

王克昌老人现居住在临沭县曹庄镇朱村。朱村隶属山东省临沭县曹庄镇，位于鲁东南苏鲁交界处，西倚岌山，东傍沭河，与大官庄水利枢纽遥相呼应，该村水陆交通方便，地理条件得天独厚，自然环境十分优美。朱村距离临沭县城二十多公里，距离罗庄区也需要一个多小时的车程，所以我们一行人从两个地方出发前往。我们大约坐了一个小时的公交，终于来到朱村抗日纪念馆，找到了事先联系好的王主任。因为当时正值中午，老人正在午睡，所以打算等老人睡醒之后再去看望他。我们和王主任于是就在朱村抗日纪念馆办公室闲聊起来。

王主任近期负责编写朱村村志，也是朱村档案馆的负责人，对于朱村的那段历史更是十分了解。王主任七十多岁了，也算是经历过整个新中国成立的历史岁月，对于支前那段革命岁月也是有许多看法和见解的。王主任向我们介绍，近期他要出版一本朱村村志，找了许多本地的大学生来整理朱村档案，这也将是一本具有重大意义的乡村村志。对于支前的那段历史，王主任简简单单地向我们介绍了他所了解到的历史，王主任说他也是通过档案和老一辈的老人嘴里了解到的，对于那段历史最真实、最客观的还是需要去找真正参加过支前运动的老支前们。

王克昌老人醒后，我们志愿服务团队带上为老人准备的牛奶、水果等进入他的家。第一眼见到老爷子就感觉老爷子精力十足，老爷子说出第一句话我们就感觉到了王克昌老人那满腔热血、头脑清醒、身体硬朗。一进门，老爷子就把空调打开，说天气太热，不能让我们热着，说我们是祖国的栋梁，是未来的希望。老爷子还说，就盼着有学生来找他聊聊天，听他讲一讲那段艰难的岁月，这几年来有不少的专家、学生等来看望他。老爷子现在是一个人住，生活起居都十分正常，家里人都不在朱村，而是有的在上海，有的在临沂其他县区，他的生活也完全不用别人操心。

调研过程中，老爷子头脑清醒，热情高涨地讲述着抗日战争、解放战争、新中国成立后的历史，这也是出乎我们意料了。老爷子向我们分享了他们家族的宗谱、他获得的荣誉、国家领导人来看他的照片以及他们家的其他成员的照片。我们在调研过程中，村里边还有村民来找老爷子结账，这才知道老爷子还经营着农村白事的生意。老爷子打的算盘那是十分流畅，记账、算账那是十分清晰。他说，他三年级就不上学了，因为家里供养不起，但是之后他去了大队当会计，也正是这个机会让他在当会计中不断学习，不断实践，从而对过去的历史铭记在心。

在淮海战役当时，王克昌老人家里有4个哥哥，一个姐姐，就属他的年龄最小。当时支前招工的时候大多选择的是中年、壮年，当时王克昌老人年龄还小，但是还是毅然决然地参加了支前运动。他算是支前运动中年龄最小的其中之一了。在当时，抗日战争结束后，临沭就是共产党的驻扎地，一开始共产党就在这片土地上实行土改运动。但是，随着国民党的大举北上，共产党进行战略性转移，将军队撤出华北地区，随着国民党的兵力分散，共产党大举南下，最后重新夺取临沭，真正在临沭站稳脚跟，然后实行大规模土改运动。老爷子回忆说，土改运动实施的时候，农民获得了前所未有的幸福感，人民群众死心塌地跟着共产党走。淮海战役中，支前运动建立了一个十分严格的体系，各村的青壮年由指导员带头共同报名参加支前运动，家里的土地暂时让别人代耕。老人说，当时临沭县组建了一个团、莒南县也组建了一个团，他们就随着部队继续南下。老爷子和其他支前者们推着自家的小推车和他们自己制作的担架跟随部队。他们是部队的保障，为部队提供充足的供给。

战争胜利后，老爷子说当时特别高兴，一心只为回家，去的时候带的自家小推车都不要了。去蚌埠坐火车回家，这一路用了四天时间，但是胜利的喜悦已经没有什么能够阻挡。这些为新中国成立立下汗马功劳的人将永远被历史铭记，广大劳动人民的支持为解放战争的胜利奠定了坚实的基础。这些支前老人也成了我们学习的典范和红色精神的传承。我们生活在一个老一辈人给我们打下的新中国，王克昌老人一直反复说，我们青年人就是国家的财富，好好学习天天向上就是对我们最大的期望。

调研结束后，老爷子高兴地和我们合了个影，希望我们下次还能够来陪他聊聊天。我们在临走的时候帮老人打扫了一下卫生，又去了一趟朱村抗日英雄纪念馆打扫了一下庭院，也不枉费此行。本次调研我们每个人收获满满，了解到了那段艰难的岁月，感受到了那热血的革命精神，这将是我们一生的财富。我们也将继承和发扬老一辈革命家身上的红色精神，为建设国家富强、民主、文明、和谐、美丽的社会主义强国贡献自己的一分力量。

四、分段整理

A 一、支前运动的基础

A1. 家庭情况

我叫王克昌，出生于 1931 年，今年 88 岁。11 岁的时候娘去世，17 岁的时候爹去世，从小跟着哥哥姐姐生活。鬼子来的时候我还小，那时候十几岁的我虽然力气不如其他青壮年，但是意志坚定，背扛伤员、运送粮食等数也数不清。

解放战争时期，我参加了淮海战役，在淮海战役中是支前运动力量的一分子。1948 年，那时候我 18 岁，大哥二哥是革命的，三哥有痨病，同时又是整个大家子的顶梁柱，不能打仗。我有时候跟着哥哥嫂子住，有时候跟着姐姐住，是个闲人，所以代替三哥去参加支援前线。那时候支前运动的农民大多是中年，自己在队伍中算是年龄特别小的。参加完淮海战役以后回村担任大队会计。新中国成立以后我家里人很少在村子里，大部分人都出去打工或者工作。而我和我的侄子年龄是一样的，当时家里只能供应一个人上学，所以我留在了家里。

我家弟兄四个，我是老四，老三老二都是革命的，老三 1962 年去世了，他比我大两岁。俺二哥，鬼子一投降就任码头税务局局长，得病死了。病搁现在也说是癌也说是气累，就得那个病，正好来的国民党来了，没人管，也治不好，1946年去世。四五年鬼子投降，他原来在十字路，鬼子一投降把他分到郯城码头上了。我三哥是一三年的阴历十月初十死的。村长是共产党，村长分到多少，让谁去谁去。大哥有肺病，二哥三哥是革命（者），大哥比我大二十岁，那时候也三十八岁了。姊妹我就一个姐，我姐夫在爆炸队里当官，那时候四七年有爆炸队啊，就是埋地雷的那个，这个爆炸队的供给员。我还有个叔家的姐夫——爆炸大王马宝才，那是我三姐夫，俺南下的时候，这里的营长就是他当的，南边回来以后在咱临沭县当武装部部长，后来上济南，这去世了，也有好几年了。在家里俺大哥最大，俺二哥第二，俺姐第三，老三第四，我第五。二哥比我大17岁，姐比我大15岁，老三比我大2岁。我父亲1956年就去世了。

2013年习近平总书记来看望我，今年我受到邀请，将参加新中国成立70周年阅兵仪式。

A2. 村庄基本情况

我在支前运动时期一直生活在朱村，朱村隶属山东省临沭县曹庄镇，位于鲁东南苏鲁交界处，西倚岌山，东傍沭河，与大官庄水利枢纽遥相呼应，该村水陆交通方便，地理条件得天独厚，自然环境十分优美。村庄相邻罗庄、付庄、汤庄等村子，这些村子曾经都是重要的战略要地。这个村子在抗日战争时期隶属于中国共产党根据地，是抗战老区。抗日战争结束后朱村隶属于解放军控制范围，是当时县政府驻地。当时我家里人都是借助白涛的名义出去找工作的。白涛一开始是东北办事处的主任，新中国成立后来到临沭县当县长。新中国成立前白涛在临沭县搞土改，1945年鬼子投降，1946年开始减租减息，1946年国民党打过来，打乱了减租减息，1947年阴历四月共产党打过来开始进行大规模彻底的"土改"运动。到了1948年"土改"基本上完成了，临沭县基本平稳了。1949年以后村子开始搞水利建设。国民党是1946年冬天来的，1947年春天离开临沭的。离开以后进行的大规模的"土改"，富农扫地出门，有的地方有被砸死的，有的富农进行捐地来进行自我防卫。现在我们村上八十以上的老人还有二百多，现在我们村按户口是九百户，两千九百口人。1958年我们村才五百来口子。抗日的时候我们村上四五百人，二百来户。

A3. 抗日战争

那原先打鬼子俺还小呢，打鬼子叫咱志愿咱也不能支援哈，人家在老林打仗我才十三，俺这里共产党来得早，俺这三九年就来了，三九年来的白涛，四零年来的三大队，四一年来的一一五师老四团。

鬼子不是四五年声明投降嘛，全部都是四五年走的，没到四五年郯城临沂就打跑了（鬼子）。四四年在俺老林子打仗的，一一五师四团还有钢八连打鬼子。打跑了呢，打郯城打临沂，后来呢全国（鬼子）都投降了呢，咱这里乡下就没了（鬼子）。鬼子打跑之后是共产党接管朱村这边，是共产党根据地。咱这里（鬼子）是共产党打跑的，他那江南消灭鬼子是国民党打跑的。蒋介石不够意思，四五年鬼子投降，国共合作打了这个日本鬼子，四六年他反过头来，他又来打共产党，不够意思。国民党那个兵不行，他一百个兵不跟咱中国共产党十个兵。和日本军在俺庄上老林打的，那时候临沭县县政府驻俺庄上，日本鬼子来打县政府的。这个四团三营呢在俺庄上是整训三年，这打仗那年他上河东住去了，这里呢驻的二连，保护县政府的，这个鬼子是从李庄来的，先奔黄庄，在黄庄上去的。这四团三营呢，这三个连，枪声是命令呢。没用团长下命令，团长他不知道，这八连主攻，九连……七连……就八连和二连在和他拼的，八点钟接上火，到十一点钟。那个庄上的老百姓都跑了。打鬼子的时候，离朱村十里路就有鬼子据点、炮楼。往南十五里路是郯城，都是汉奸的地盘。鬼子没来我们庄上住过，这里共产党的队伍就没断过，先是三个大队，紧接着是老四团。

抗日的时候有几个儿干几个儿。俺曹庄有个刘大娘，六个儿个个当兵，没一个不当兵的。人刘大娘做的大花轿，俺庄上有个白曹英，坐着大花轿一天送两个嘛，大儿二儿，送那 18 天就死了嘛，在临沂死的，接着那些小的都送，就撇着个小六，这个小六因为什么撇的呢，因为伤脑子，参军以后不能在部队上，喂马，当马夫，就撇这个小六，旁没撇人，那五个儿都是打鬼子打死的。家里有几个能去就去几个。1949 年以后，独子还不让当兵来。那时候当兵，喘不开的也得当，腿瘸的也得当，哎，你难得扛动枪，你反正多一个比少一个强。你像俺庄上那谁，走路都喘不开，也去当兵了，这当兵换军装了，看看实在不行，回来来家了。

A1. 支前运动动员

支前运动前期招兵，朱村分配到 25 个名额参加支前运动，我的哥哥因为患有肺肿疾病，不能出大力，走路困难，且需要支撑整个家庭，我当时居无定所，经常借住在哥哥姐姐家，所以我代替哥哥参加支前运动，成为淮海战役中支前运动中的一名预备役担架队员。

1946 年下半年国民党打过来，从郯城走来的，在这西边山上按的据点。他就无赖，上庄上砸鸡、砸猪、抢粮，不干人事。共产党人家是军民团结，鱼水交情，国民党不行，他不顾老百姓。当时国民党来的时候，共产党的部队进行战略性撤退，一个劲地往北撤，直到国民党把这个山东的地面占完了，大城市占完了，共产党的部队被挤到山东边上，他这个力量分散，共产党就使得这个法，力量集中进行攻打，弄得这伙。这部分国民党还有个毛病，没命令不打。共产党枪声就是命令，国民党是上级没有命令不敢打。消灭七十四师，孟良崮，临沂是驻的师，新泰驻的师，莱芜还有驻的一个师，蒋介石下命令叫去支持这个张灵甫，国民党部队不去支援。张灵甫他因为什么不干的，他国民党蒋介石给他吃双饷，好比你当兵一月一块钱，他呢得两块钱，他的装备都是美式装备，他的衣裳都是呢子衣裳，所说呢这个当兵跟当兵也不服。人家说一客不能二待呀。咱共产党的军队和国民党的军队就是天大的差距。共产党来到之后一般就是给咱做一些工作，为老百姓服务的一些工作。好比三营在这里整训，你住谁家的这个卫生、挑水、打扫卫生，有农活他给你干农活，什么都干。他们走的时候我们都想得难受。在政府当官，做官为宦。当完了，一次给点钱，你家走，这是国民党时期。共产党现在，全国不讲旁的，光这个退休人员全国得有多少，早晚供给到老，这个本事有多大，这不是死了的还补几个月的，补多少万。国民党那时候，你当官不干了，辞职家走了，一次性给俩个钱，你家走算完了，往下没有了。就是富了，你现在富的什么样，农业税减免，市场开放，照顾老年人钱，各项生产补助。我不是党员，正好那时候我也在俺姐家过，也在俺哥家过，两家着轮着过，成了三不归了。当时村上的经济来源主要靠二亩地，有杏树、桃树，这不还有菜园，卖点青菜去，旁没收入，养个猪，那时候没有副业，打工。一打开始国民党政府那时候，根据地都打工，为什么叫贫雇农的来，就是因为雇活所以叫的贫雇农。这个怎样分界吧，这个地主、纯地主、经营地主，富农、富裕中农、老中农、中农、下中农、贫农、贫雇农，这最穷的了。这天天给人家打工、扛工，给人家干活。当时土改做得，应该很好，我当时太小，不清楚，但是农民积极性很高，不高也弄不起来。这个参军打仗和支援前线没关系。超过十八周岁，当兵是个硬性义务。不去有这样的，有的有钱的户不是雇人嘛，他花钱雇人去替他，那样事有。后来不搞水利建设，他摊上不能去他雇人，不能去雇人去。当时每个地方都有工作组进行宣传。

抗战先从临沭集合出发，一路上去的泉源、郯城，一直到运河附近（距离出发地五十多公里）到了运河之后碰上碾庄战役，与国民党黄百韬的部队进行激战。当时黄百韬的兵团从连云港望南撤退，解放军兵从宿迁北上。双方在碾庄相遇，然后开始了激战。碾庄战役中一部分国民党投降，剩下的国民党逃往徐州。交枪投降的国民党紧急地开了几个会议，军装也没有换，紧接着改编成解放军，接着南下。

国民党和共产党军队招兵的本质不同。共产党的部队是自愿参军，国民党是抓壮丁。国民党招兵是对保长（村长）下任务，保长带着人看谁家的小孩还可以，黑天半夜的像抓犯人一样抓去打仗。共产党招兵是自愿参军，参军的都带着大红花，坐着大花轿，在参军的心理上就有本质的不同。所以说国民党部队中许多人都是非自愿的，这导致了国民党部队人数虽多，但是实际真心实意打仗的人数大大减少。国民党官僚主义严重，共产党军队是部队干部说话算数，官兵平等，这个平等指的是政治上的平等。

碾庄战役结束后，解放军前往徐州。在徐州没有进行战役，解放军偷袭了徐州的火药库，原因可能是国民党部分被策反，火药库被炸。从早上四点一直炸到上午十一点，徐州国民党部队以为开战了，所以四下逃窜，许多国民党军队顺着新浦铁路往南跑，跑到南徐州，也叫南徐县。淮河以南是蚌埠，蚌埠那边是人民解放军驻地。蚌埠那边进行拦截，国民党在徐县不回头地下西南了，下西南，河南省有个襄县，到襄县，襄县前边有个河叫漯河（漯河连接淮河），河的那边待着蚌埠去的解放军，在那边截死了。国民党有河也过不去，解放军在那边他也不敢过。所以说在襄县，接着就战役。在襄县的国民党是从台儿庄撤回去的，在台儿庄撤到徐州，在徐州朝襄县跑的。接着这黄百韬半兵团在襄县战役打了58天，这58天下了三场大雪。共产党就有个特长，打仗越下雨雪越好，越刮风越好。共产党部队有吃苦精神，国民党的部队，他不吃苦，下雨雪不干，让他不干怎着不干，他是自在兵，他是资本主义兵，不是共产主义兵。所以说为什么襄县战役结束得这么快，是因为他里边的当官的，这军长、师长，包括旅长一级的都跟飞机跑了，团长没能跑，他上边都跑没了，国民党直接出声明了，缴枪投降。紧接着投降的国民党俘虏军装都没换，开上几个会，想回家的给你路费，你不回家就跟着共产党干，结果没一个回家的。那些国民党俘虏兵都是老百姓，都是全国跟着打仗，都是贫下中农小孩。所以国民党被俘虏之后就跟着共产党干了。

我参加支前运动最远到达安徽蚌埠，花了三个多月，不到四个月，一共一百多天。我参加的支前运动是有组织有领导的，班、排、团、连都是按照正规军队排编的。临沭县一个团，莒南县一个团，团长都是县里派去的，是和旅长一级的干部。营长也是县里派去的，到了排长、班长就不是了。排长是大队里的指导员，那都是大队的支部书记带队。1949年之前村里的一些党员身份都没有公开，所以村里都是指导员，不叫书记。村里的党员都相互不知道，只有开会的时候见面才知道几个。

1948年的9月到1949年1月，解放军大军南下，孟良崮战役中消灭了国民党七十四师，当时国民党七十四师住在朱村，住了三天就走了，去了莒南，又去了沂蒙，在沂蒙山战败。七十四师是国民党的王牌军队，师长是张灵甫，是蒋介石的恩人。七十四师失败后，就一直往南撤退。往南京去的国民党部队在镇江被掐断了，失去了联系。上海也没用打，在浙江就掐断了，林彪在海南岛打了两天，林彪回蚌埠以后，当地政府又组织了这个服务队（王克昌老人就回家了。又解放了济南，接着就南下了）。这个俺是莒南跟临沭两个县的民工，那时候郯城县属于国民党驻地，就俺这两个县的。

蚌埠距离出发地七百多里路。去的时候是走了一天一夜，回来的时候解放了。在南徐州上的火车，在新沂下了车，那个火车很简陋就是个大铁盒子，在新沂下火车是下午四点（王克昌老人等支前运动的老百姓干劲十足，走了整整一夜回到了家。从前线退下来就花了四天的时间。他们这一批人全回来了，25个人一个没少）。整个临沭团一个没少。部队萧县打仗，不让进前方。前方人家部队自己搞。他们都上第一站张新集，人家部队在上边枪和枪对线。他们去接任务，第二个站叫朱楼，第三站到徐州了，第四站就到蚌埠了。他们又是担架队，又是运输队。这25个人一共四副担架，一副担架四个人，还有四个小推车。临去抬担架不用人多，这个小推车不光用推东西。吃的也得推着。后来呢，担架少了，就用车子。阴天下雨车子不能推了，得使担架去抬。小推车是空着推着去的，在路上有粮站，一般不远。去得带着介绍信，到哪里都有站，什么兵站、粮站都有。粮站安排得相当保密。一开始是运的小米，到了徐州一解放了徐州就不吃小米了。得的人家徐州国民党粮店人都是大米，就吃大米。咱山东都是小米，到那里成大米了。我也不害（怕）瞎（丢），大部分都是黑夜出发，白天有飞机哎。一个团三个营，一个营也三个连，一个连一百多人。一个团得一千多人。这个和部队一个性质，得服从命令。那时候胜利后，人家团长营长都没来，人都是国家干部，老百姓都回来了。人在那里接受任务，在当地搞民兵工，还叫他们带队。这一开始是带了四天五天的熟食跟咱这个山东煎饼，临走九月天气带着棉裤棉衣，防备着过寒天的。这个过了解放徐州以后，那不是还发了部分鞋给我们——鞋也穿坏了，成天下雨。解放徐州还发了部分鞋，有缺袄的发袄，没棉裤的发棉裤。我说发给俺们的这些东西哈，这都是（亏）得解放国民党的仓库。国民党的粮食都是收上来的，他们上边发他的，米面、衣服、枪支弹药，都有仓库啊，咱共产党不也板正的嘛。人家不说兵马未动粮草先行，人家部队不管上哪里，你得先把粮食准备好。人一般有伙房，一个连一个伙房，一吹哨子就吃饭。打过了徐州，就跟人部队待遇一样的了。

那时候当兵没有粮食的、物质的奖励，那时候够吃的就行。你有地，劳力走了不能干了吧，就叫旁人给你干，旁人给你种，旁人给你收，代地嘛。劳力去当兵去了，这个地呢分给旁人给代着，代着给好耕的耕，好种的种，好收的收。

支前运动的宣传工作，别管到哪里这个宣传队都有啊，人部队上也有宣传队，县里也有宣传队。那俺庄上打仗，县政府驻这里，那全县在俺大园里十八亩操场，按台子，宣传队、扭秧歌弄什么，这个瞎子说书样样有。当时有农救会，有村长，有指导员，指导员就是党员，有良模、有妇女主任。这些都是开大会的时候口头表决选出来的，上级领导，委派一个，这通过社员，大会通过。

当时回来的时候小车都撂了，扔在了蚌埠车站上，那年去参加的都是三四十壮年，不要青年，我最小。我最小因为我替俺哥去的，我比俺哥强啊，再说俺哥他一家人，他是主人，我是个闲人。我在家一是跟着俺姐，二是跟着俺哥，两姊妹两下跑。没爹没娘，就跟着哥，跟着姐。打仗啊，俺也不上前线，也不害怕。

A1. 分地

我家属于老中农，家里分到三十亩地，家里十几口人。当时也没有分家，因为当时哥哥在干革命，我没爹没娘的就没分家，家里团结和睦。只有当家里五个儿子结婚了才能分家。

A1. 新中国成立初期

我当时三年级就不上学了，1956 年开始合作化，我就在生产队担任会计。改革开放以后，俺大队搞了个副业窑厂，把我叫去当外交，搞外交，幸亏我有文化，始终我这两个字呢没撂。要是起那时候不鼓捣什么也不认识啦。

A1. 对新中国成立 70 周年国家变化的感受

现在国家富了才弄这些事的。你望咱这个总书记，别管多少年的老革命，他都找出来了吧，就因为富了。你像搁江西死的那些老干部他都找出来。为什么？习近平这个头脑了不得呀！

我这个文化吧，边干着边学。就学你们青年人，去当个小学教师，怎一乍毕业，怎就不会干，他年年老师得备课吧，备课就是学习，工作就是学习。哎，这学习呢，他就用上了，再一个吧，你还有一条，就是看现在电视新闻啊，你还学不少。那电视新闻那小字，你要天晚上能跟上，你还能学不少来着。你不认得字，你在上边还不认识，我天天晚上对这个怪关心啊。我这个电视也是国家给我的，这是纪委书记和县委书记送我的，上俺家去了，我现在这个电视是免费的。

我一个月生活补贴现在是 138 元，一开始的时候是 55，55 涨到 75，75 涨到 100，100 涨到 118，118 今年又加了，是 138。省里呢，县里呢逢年过节的给点，去年就没有了。

咱这些学生都是国家的栋梁，都是国家的财宝。这不我成天说吗，祝怎好好学习天天向上嘛。怎这些大学生吧都是国家的财富啊，你没有文化就没有技术，没有技术就不能钻研，你造原子弹、造飞机大炮还了得吗。我这个年龄吧，什么事都摊上了，国民政府的时候有马子、土匪，这我都知道吧。打鬼子，维持会，后来就国民党，这解放了以后，搞水利建设，这工程那工程都得去抬，这个五三年统购统销挨饿，六一年还苏联的账挨饿，什么样的吃不饱的都有。七八年开始邓小平南下讲话，回来，起这个八二年，分田到户，起那时候呢解决了温饱，接着呢开放了市场，可以出去打工，做生意挣钱，这经济富裕了。各村各县都打工挣钱，现在都挣钱。现在这生活，这不主席来我不说嘛，争取奔小康嘛，我说这四菜一汤也很简单，我现在就达到小康。我现在家家吃饭除了米就是面，不愁吃饱。我这个孙子十七了，上学煮的鸡蛋都不吃。习总书记他五三年的，他也当过大队书记，一级级上去的，确实是有才，你像现在国家，他讲的这个政治，很简单的一句话，不忘初心，这不很好的事嘛。

接着这个大国外交，凡是国家没有来往的他给他好，十个人帮一个人好帮，一个人啃十个人难啃啊，这不有道理嘛。他走这个路子了不得，你对农村说话，发展教育，你对这个教育提高多好，哪个学校不好好的。你别说大学，你这农村学校也了不得啊，你搁农村上学哪有教学楼啊，你现在农村，你没有钱的不多，现在他走的这个路子确实好啊。你古代种地先纳粮，现在不但不纳粮而且还倒给，哪有这样的事。你别说青年人穿的了，你看我的，这一撂，除了被就是衣服。那个光夏衣就四包袱，寒衣两箱子，穿不败了，知不道小孩买来了，知不道小孩买来了，尤其现在还不坏，（过去）买了一条裤子一夏天完了，我这条裤子够二十年了，不坏。咱总书记说我健康长寿，俺这闲拉呱，俺也不死了。难得怎大学生来，难得想来，咱就慢慢拉似的，越拉越好，越拉越有交情。

五、调研员调研日志

调研基本信息			
调研员姓名	王纯	调研员联系方式	17860523065
受访者基本信息			
受访者姓名	王克昌	受访者性别	男
受访者年龄	88	参与支前类型	送粮队
调研时间	2019 年 7 月 28 日	调研地点	山东省临沂市临沭县曹庄镇朱村
土改成分	中农	参与支前的地点	山东、江苏、安徽
调研员心得感悟	2019 年 7 月 29 日，农历六月二十六，临沂市临沭县朱村 　　为了这次重要的支前模范的口述史调研，我们团队做好了充分的准备。这一次口述史调研也是收获满满，不仅感受到了红色文化精神，并且真真正正地在朱村红色教育基地体验了一把。对王克昌老人的访谈，我们真正感受到了老一辈革命家在那个抗战的年代的热血与风雨。也深深地对王克昌老人等那个年代支前民工表示崇高的敬意。 　　王克昌老人现居住在临沭县曹庄镇朱村，朱村隶属山东省临沭县曹庄镇，位于鲁东南苏鲁交界处，西倚岌山，东傍沭河，与大官庄水利枢纽遥相呼应，该村水陆交通方便，地理条件得天独厚，自然环境十分优美。朱村距离临沭县城二十多公里、距离罗庄区也需要一个多小时的车程，所以我们一行人从两个地方出发前往。我们大约坐了一个小时的公交终于来到朱村抗日纪念馆，找到了事先联系好的王主任。因为当时正值中午，老人正在午睡，所以打算等老人睡醒之后再去看望他。我们和王主任于是就在朱村抗日纪念馆办公室闲聊起来。 　　王主任近期负责编写朱村村志，也是朱村档案馆的负责人，对于朱村的那段历史更是十分了解。王主任七十多岁了，也算是经历过整个新中国成立的历史岁月，对于支前那段革命岁月也是有许多看法和见解的。王主任向我们介绍，近期他要出版一本朱村村志，找了许多本地的大学生来整理朱村档案，这也将是一本具有重大意义的乡村村志。对于支前的那段历史，王主任简简单单地向我们介绍了他所了解到的历史，王主任说他也是通过档案和老一辈的老人嘴里了解到的，对于那段历史最真实、最客观的还是需要去找真正参加过支前运动的老支前们。

调研员 心得 感悟	王克昌老人醒后，我们志愿服务团队带上为老人准备的牛奶、水果等进入他的家。第一眼见到老爷子就感觉老爷子精力十足，老爷子说出第一句话我们就感觉到了王克昌老人那满腔热血、头脑清醒、身体硬朗。一进门，老爷子就把空调打开，说天气太热，不能让我们热着，说我们是祖国的栋梁是未来的希望。老爷子还说，就盼着有学生来找他聊聊天，听他讲一讲那段艰难的岁月，这几年来有不少的专家、学生等来看望他。老爷子现在是一个人住，生活起居都十分正常，家里人都不在朱村，而是有的在上海、有的在临沂其他县区，他的生活也完全不用别人操心。 　　调研过程中，老爷子头脑清醒，热情高涨地讲述着抗日战争、解放战争、新中国成立后的历史，这也是出乎我们意料了。老爷子向我们分享了他们家族的宗谱、他获得的荣誉、国家领导人来看他的照片以及他们家的其他成员的照片。我们在调研过程中，村里边还有村民来找老爷子结账，这才知道老爷子还经营着农村白事的生意。老爷子打的算盘那是十分流畅，记账、算账那是十分清晰。他说，他三年级就不上学了，因为家里供养不起，但是之后他去了大队当会计，也正是这个机会让他在当会计中不断学习，不断实践，从而对过去的历史铭记在心。 　　在淮海战役当时，王克昌老人家里有 4 个哥哥，一个姐姐，就属他的年龄最小。当时支前招工的时候大多选择的是中年、壮年，当时王克昌老人年龄还小，但是还是毅然决然地参加了支前运动。他算是支前运动中年龄最小的其中之一了。在当时，抗日战争结束后，临沭就是共产党的驻扎地，一开始共产党就在这片土地上实行土改运动。但是，随着国民党的大举北上，共产党进行战略性转移，将军队撤到华北地区，随着国民党的兵力分散，共产党大举南下，最后重新夺取临沭，真正在临沭站稳脚跟，然后实行大规模土改运动。老爷子回忆说，土改运动实施的时候，农民获得了前所未有的幸福感，人民群众死心塌地跟着共产党走。淮海战役中，支前运动建立了一个十分严格的体系，各村的青壮年由指导员带头共同报名参加支前运动，家里的土地暂时让别人代耕。老人说，当时临沭县组建了一个团，莒南县也组建了一个团，他们就随着部队继续南下。老爷子和其他支前者们推着自家的小推车和他们自己制作的担架跟随部队。他们是部队的保障，为部队提供充足的供给。 　　战争胜利后，老爷子说当时特别高兴，一心只为回家，去的时候带的自家小推车都不要了。去蚌埠坐火车回家，这一路用了四天时间，但是胜利的喜悦已经没有什么能够阻挡。这些为新中国成立立下汗马功劳的人将永远被历史铭记，广大劳动人民的支持为解放战争的胜利奠定了结实的基础。这些支前老人也成了我们学习的典范和红色精神的传承。我们生活在一个老一辈人给我们打下的新中国，王克昌老人一直反复说，我们青年人就是国家的财富，好好学习天天向上就是对我们最大的期望。

续表

调研员心得感悟	调研结束后，老爷子高兴地和我们合了个影，希望我们下次还能够来陪他聊聊天。我们在临走的时候帮老人打扫了一下卫生，又去了一趟朱村抗日英雄纪念馆打扫了一下庭院，也不枉费此行。本次调研我们每个人收获满满，了解到了那段艰难的岁月，感受到了那热血的革命精神，这将是我们一生的财富。我们也将继承和发扬老一辈革命家身上的红色精神，为建设富强、民主、文明、和谐、美丽的社会主义强国贡献自己的一分力量。

社会支持理论下儿童白血病患者家长压力的社会工作介入
——以山东省立医院为例

团队负责人：徐璇（2017 级社会工作专业）　　指导教师：吕春苗

团队成员：宋金茹（2017 级社会工作专业）、袁思方（2017 级社会工作专业）、滕文远（2017 级社会工作专业）

一、项目背景

我国实施"健康中国战略"，关注儿童白血病患者父母这一特殊群体的健康对建设幸福中国有重要意义。白血病是儿童时期发病率极高的恶性疾病，根据国家卫生健康委员会在 2018 年 10 月统计结果表示，中国儿童白血病（15 岁以下）发病率约为 4—5/10 万。统计结果还表示，每年新增 18 岁以下的患儿 1.5 万人，与之伴随的是白血病患儿家庭的增多，患者父母更是在患儿治疗过程中承担巨大的精神、经济压力。这些压力不仅会影响患儿家长的身心健康，更会影响整个家庭的正常生活。

二、研究（或调研）方法

项目旨在了解患儿家庭生活，分析患儿家长压力来源，从而挖掘潜在资源，充分利用支持系统，最大限度发挥支持系统的作用，并且制定实施服务计划，使患儿家长压力减小或消除。项目采用了多种研究方法，以此来综合分析，深入探讨问题。

1. 参与式观察法。团队成员为了能够充分感受白血病患儿家长所处的境遇，在山东省立医院社会工作办公室的帮助下，深入到儿童血液科病房，直接接触患儿和家长，深入观察了解他们的生存环境、互动方式和社会关系网络，以便了解白血病患儿家长面对的困难与挑战，从而寻找出项目可介入的空间。

2. 访谈法。团队在前期接触了解的基础上，选取了 25 名患儿家长作为访谈对象，制定访谈提纲，全面了解患儿家长的压力来源和服务需求，获取丰富的一手资料。

3. 个案研究。从参与式观察与访谈中，选取典型个案，进行深度访谈和跟踪研究，建立较为完整的个案研究资料库。

三、项目的主要内容

（一）主要内容

项目是"守护天使"团队利用暑假时间在山东省立医院进行的社会服务项目。在此之前，团队成员暑假前与医院联系，进行了一个月的调研与服务。项目的主要内容包括了解白血病患儿家长的现状和压力来源、根据所得结果进行社会工作介入、反思项目的不足等。

根据调查统计，儿童白血病的发病率呈现出逐年递增的状态。孩子是一个家庭的希望，孩子患白血病对于部分父母毁灭性打击，患儿父母在精神上、经济上等诸多方面也承担着巨大压力。本项目通过调查分析患儿家长压力来源，以社会支持理论为视角，发掘服务对象潜在资源，建立社会支持网络，从而帮助服务对象解决困难，减轻压力。

参与此次项目的团队成员，皆是社会工作专业的在校生，有着丰富的专业知识，在开展项目、团队合作方面有着丰富经验，同时能够妥善处理在挑选访谈对象、具体访谈等过程中出现的问题。而且项目的过程中团队得到了导师的关注，在服务过程中得到了医院的支持。这都保证了项目得以顺利进行。

（二）个案资料

山东省立医院儿童血液科下设 37 张病床（加塞 2 张），通过访谈 25 个个案，选取最具代表的案例进行案例分析。

案例一

患儿潘某，女，10 岁，在项目开展时，刚刚被确诊为急性淋巴细胞白血病，住院两周。

潘某父亲，34 岁，货车司机，月收入五千，身体状况良好；潘某母亲 37 岁，身体状况良好，没有经济来源；潘某妹妹 4 岁，正在上幼儿园。潘某住院期间母亲没有来过，都是父亲在照料。我们了解到，母亲已经怀了三胎，还有十天临盆。

在访谈过程中，潘某父亲多次表示自己内心备受煎熬。一方面自己无法面对女儿患病的事实，害怕女儿因为此病死掉；一方面是因为照顾压力，住院期间都是他独自照顾孩子，因为是女孩子，正处于青春期，照顾上多有不便；潘某父亲还表示，自己并没有将病情告诉孩子，担心孩子有什么负面情绪。

在此案例中，我们发现患儿父亲承担着疾病压力、照顾压力。

案例二

患儿张某，男，6岁，急性淋巴细胞白血病，患病1年。

刘某父亲，29岁，务农，身体状况良好；刘某母亲，29岁，务农，身体状况良好；双胞胎弟弟，6岁，身体状况良好；妹妹刚刚出生，暂无户口。

刘某父亲表示，在哥哥没有患病之前，家里虽然贫苦，但是家庭和睦幸福，自从哥哥患病后，家里入不敷出，我们（刘某父亲与母亲）也变得不爱与邻居说话了。但是好在新农村合作医疗保险报销医疗费60%，即便如此，家庭也不堪重负。

在此案例中，我们发现患儿父母承担着经济压力、交往压力。

案例三

患儿孙某，女，3岁，急性淋巴细胞白血病，患病9个月。

孙某父亲，26岁，公司职员，身体状况良好；孙某母亲，26岁，失业，存在失眠、焦虑等状况。

孙某母亲表示，在孩子患病之前，自己是一名公司职员，孩子患病后，为了能够全身心照顾孩子，忍痛辞去工作，孩子日常照顾都由她一人承担，身心都感到十分疲惫，经常出现失眠的情况。她还表她与孩子父亲关系不好，孩子父亲一直觉得，孩子患病是她的错，为此，一直埋怨、冷落孩子母亲。

在此案例中，患儿母亲承担着健康压力、工作压力、家庭压力。

案例四

患儿陶某，男，2岁，慢性粒细胞白血病，患病3个月。

陶某父亲，28岁，公司职员，身体状况良好；陶某母亲27岁，中学教师，身体状况良好。

陶某母亲表示，现在随着医疗技术的发展，她有信心将孩子的病治好。但是她也表示了一定的担忧。她害怕孩子病好之后，周围人会对孩子产生歧视，担心孩子的交往问题、入学问题，包括以后的工作、婚恋问题。

在此案例中，患儿母亲承担着社会压力。

四、主要的结论

根据访谈结果与案例分析结果表示，白血病患儿家长主要的压力贯穿于患儿治疗前、治疗中、治疗后各个阶段，并且分析出压力来源包括以下几个方面：

1. 经济压力。白血病治疗周期长，治疗花费巨大。根据调查得出，白血病治疗的平均成本为222800.67元，而难治白血病和复发白血病花费可高达数百万。对大部分父母来说，他们上有老人需要赡养下有孩子需要救，同时还要担负自身的生活费用，经济压力不言而喻。另外，一方父母可能为了照顾孩子而放弃工作，放弃一部分的经济收入。

2. 疾病压力。白血病发病表现不一，往往表现出发烧的症状。在等待确诊的过程中，患儿症状得不到有效控制，病程迁延、反复，饱受身体折磨，家长焦虑情绪强烈。确诊后，由于对白血病的认知不够充分，父母常将白血病视作"不治之症"，灾难感、濒死感挥之不去，用退避、焦虑、自责等消极情绪应对。部分父母甚至有轻生念头和行为。

3. 照顾压力。患儿年龄普遍较小，对外界细菌病毒的抵抗力极差，几乎说是需要照顾者寸步不离的照顾，需要患儿父母几乎 24 小时的细心照顾。由于长期照顾患病孩子，患儿父母出现体力上的严重透支，表现出睡眠障碍、疲乏无力、疼痛、精力下降等症状。另外，部分家长对照顾护理白血病儿童方面的知识存在盲点。这些都给患儿父母带来一定的照顾压力。

4. 交往压力。患儿家长在得知孩子患病之后会在一段时间内封闭自己，原有的社交生活会打乱。不被别人理解、自己孩子患病的自卑感、害怕受歧视等等都是造成患儿父母不愿与他人交往的原因。

5. 家庭压力。有研究表明白血病患儿家庭关系更加脆弱，家庭功能破坏、家庭解体的不在少数。沟通时间少，沟通话题单一，沟通矛盾滋生所导致的沟通动机减弱是家庭情感联结遭到破坏的主要因素。白血病患儿的各种退行行为、对父母的过度依赖或者反抗常常让人筋疲力尽。少数夫妻在孩子患病后埋怨对方，冷落对方，认为孩子患病都是对方的错，不但不承担救治、照料义务，还极力主张离婚，甚至出现出轨行为，这无疑给对方带来伤害。

6. 社会压力。白血病患儿在人际交往、求学上容易受到歧视。更有人在背后对患儿和患儿家庭指指点点。这种行为让患儿父母愤怒至极。在自身的人际交往中，由于经常陷于照料孩子的琐碎事务，白血病患儿父母的生活越发单调，不但鲜有时间与朋友、同事做深入沟通，而且难以找到能引起共鸣的话题，交往范围越来越窄，社会空间发生极大改变。

五、服务介入

以社会支持理论为指导，结合实际情况开展社会工作服务计划，帮助服务对象发掘潜在资源，积极构建服务对象的社会支持网络，帮助其减缓压力。有研究指出，白血病患儿父母的身心健康水平与社会支持存在较高的相关性。社会支持是指由社区、社会网络和亲密伙伴所提供的感知的和实际的工具性或表达性支持。工具性支持包括引导、协助、有形支持与解决问题的行动等，表达性支持包括心理支持、情绪支持、自尊支持、情感支持、认可等。社会支持从个人的社会支持网络中获得，团队成员为了减缓儿童白血病患者父母的压力，开展了一系列社会服务活动。

（一）举办儿童白血病家属交流会

由于患儿家长彼此在医院的身份都一样，境遇、心路历程大同小异。因此，我们举办了儿童白血病家属交流会，给患儿家长提供一个可以相互认识、交流的场所，患儿家属可以自发形成同伴支持小组，相互倾听，相互慰藉，相互鼓励，共同走出心理困境。

在交流会上，患儿家长相互吐露孩子患病时的心情、孩子病情、治病的经历、治疗费用等等。让孩子家长意识到不仅是只有我们一家在与病魔做斗争，还有许多家庭同我们一样。在同伴的鼓励下，拉近紧密关系，建立社会支持。

在此过程中，我们扮演了组织者、协调者、服务提供者的角色。在交流会开展完成以后，病房内最显著的变化是患儿家长之间的交流多了起来，彼此相互帮忙的现象也多了起来，例如：帮助隔壁床位独自照顾孩子的母亲去打饭等。

（二）开展爱心图书捐赠活动

在与患儿父母访谈的过程中，我们发现孩子父母为了转移孩子对疾病痛苦的注意力，做法往往是给孩子玩手机。所以，我们开展了"爱心图书进病房"活动。一方面是减少孩子电子产品的使用，另一方面，我们想通过孩子父母给孩子讲绘本的形式进一步拉近亲子关系。

团队成员向患儿发放了他们喜欢的图书，在转移对疾病痛苦注意力的同时学习了文化知识。团队成员为年龄较小儿童讲绘本，与此同时利用他们感兴趣的方式教会他们一些绘本上色彩和动物。

在此项目中，团队成员链接资源，联系图书资源，进行服务提供，为患儿发放图书、讲绘本。此项活动受到了患儿的喜欢与患儿家长的一致好评。

（三）开展疾病照顾经验分享活动

白血病类型不同，治疗方案也不一样。即便是同种类型，不同患儿之间可比性也不大，可借鉴的东西极为有限。但在护理上，如饮食、卫生、安全等却有许多相似的地方，因此，我们开展了疾病照顾经验分享活动。

在分享会之前，团队成员做大量的准备工作，利用医生、护士空暇时间，向他们详细请教了白血病儿童的护理方法，包括卫生、饮食等方面。另外，团队成员利用互联网，查询了白血病儿童日常的护理方法与注意事项等。

在分享会上，团队成员向家属们详细地讲解了白血病日常护理方式方法，比如口腔护理、肛门卫生、日常饮食等。在会上，患儿家属之间相互分享护理经验，在掌握护理方法的同时更拉近了彼此关系，促进了人际交往。

项目累计服务 41 人，项目成员在项目进行的过程中承担着服务提供者、管理者、资源获取者、协调者、研究者的角色。经过回访，我们得到 85.36% 的人感觉出与其他患儿家长的关系更加亲密；56.09% 的人觉得自己焦虑有所减缓 95.12% 的人认为自己学习到了更多的护理患儿方面的知识；97.56% 的人对我们的服务感到满意，97.56 的人对未来的治疗充满信心。另外，还有 80.48% 的人表示，希望医院能够再次开展类似的活动。

六、相关的（政策）建议

在团队实习与社会服务期间对白血病患儿家长以及患儿家庭有了深刻了解，针对缓解白血病患儿父母压力以及解决白血病患儿家庭困境尝试性地提出以下几个方面的建议：

（一）微观层面

白血病患儿父母要做好心理调适、改变不合理、不正确的认知并加强自身能力建设。

1. 做好情绪管理：孩子身患白血病，对任何父母来说都是一个重大打击。尤其是在疾病刚刚确诊时，大多父母都难以接受这个事实，悲伤哭泣是最常见的情绪表达。稍事平静后，怀疑、否认、认为医生误诊、对医护人员充满敌意较为普遍。无奈接受事实后，又开始变得愤怒和自责。可以运用哭泣和倾诉的方法缓解心理压力。哭泣、倾诉可以在夫妻之间、家人之间、知心朋友间进行，以此寻求彼此的抚慰，获得心理安慰。

2. 树立对疾病的正确认知：随着科学技术的发展，白血病已不再是不治之症。通过系统的化学治疗，很多儿童能获得长年的无病生存。在保证生存时间的同时，患儿生存质量也在明显提高，多数患儿能和常人一样学习、生活和工作。

3. 积极学习护理知识：白血病患儿的护理是一个繁杂的过程。用药、卫生、穿衣、吃饭，都需要照顾者极其细心且耐心。护理得当能够帮助患儿减轻治疗的不良反应。父母应认真学习白血病患儿护理手册，将各阶段化疗前后的注意事项牢记于心。同时，积极参加健康宣传教育活动，多和病友做线上线下交流，学习好的护理经验。

4. 合理处理家庭关系：夫妻是家庭关系的核心。夫妻之间应相互倾听，相互体谅，相互包容，相互支持，还应培养共同的兴趣爱好。在家庭事务上，根据家庭成员个人所长，做好分工协调。在孩子照料上，统一原则，坚定立场，共同承担养育责任。

（二）中观层面

中观层面，积极构建白血病患儿父母的社会支持网络，倡导社区、社会网络和亲密伙伴为白血病患儿家长提供工具性或表达性支持。

1. 心理咨询师：心理咨询师的介入，首先可以在白血病患儿父母中间普及心理健康知识，提升其健康意识。其次可以帮助白血病患儿父母运用专业的技术和方法梳理情绪，调适压力。再次可以帮助其提升各种能力，如时间管理能力、沟通能力、家庭关系重塑能力和家庭教育能力等。最后可以根据需要，开展各种主题的团体辅导活动，促进患儿父母心理问题的解决和患儿父母的自我成长。

2. 社会工作者和志愿者：社会工作者和志愿者可以为患儿父母提供各种资源，如引导其办理出入院手续、陪伴孩子、适当分担照料任务，辅导课业等，在一定程度上缓解患儿家长的照顾压力。

（三）宏观层面

倡导救助机构的主动作为，完善社会保障体系以及对社会对普通民众的宣传教育。

1. 救助机构主动作为：国家对儿童白血病患者的救助有：中国红十字基金会在设立的"小天使基金"和农村儿童急性白血病国家救助政策两种。民间救助有民政、红十字会、工会、妇联、慈善会等。民政、红十字会等救助机构一般只针对贫困家庭患儿，在救助上相对来说比较被动，不主动申请，就无法得到救助。未来期待救助机构能够化被动救助为主动作为，不遗余力地拓宽救助范围，加强救助力度，提升救助质量，让白血病患儿及其父母感受到政府和社会的关爱，共享经济社会发展的成果。

2. 完善社会保障体系：我国少儿社会保障体系尚不完善，在一些贫困落后地区，情况更加严峻。对白血病患儿来说，社会保障既关乎儿童的生命挽救，也是家庭的保护伞。目前政府和社会各界已经认识到白血病给患儿及其家庭带来的巨大冲击，并出台了一系列政策。全方位关心、关爱白血病患儿的社会共识逐渐形成。

3. 加强社会宣传教育：社会应对民众加强宣传教育，广泛普及白血病知识，持续提升民众素质。在全社会形成不歧视白血病患儿及家庭，尽己所能关心、帮助白血病患儿及家庭的良好氛围。

七、项目（调研）的不足与局限

1. 访谈过程中存在的问题。在访谈过程中，访谈者缺少经验，访谈者自身存在着些许不足。例如：容易被访谈对象带跑题，访谈过程中容易出现尴尬的气氛，访谈时间控制不好，访谈员的主观性较强等问题。

2. 团队成员的问题。本次项目组的成员都是社会工作专业在校大学生，人生阅历较浅，接触儿童白血病患者及家庭这一特殊群体对于个人来说比较沉重，刚开始介入时会给组内成员带来一些心理压力。

3. 在项目开展的过程中，受到多方面限制。在医院中，以医疗工作为主，我们在项目实施的过程中，避免与医疗活动的时间发生冲突，受到了时间上的限制。另外，团队在项目实施的过程中，还受到了场地、经济等方面的限制。

4. 研究对象的局限性。本项目选取的山东省立医院为研究对象，关于白血病患儿及家长的压力状况是否能代表其他地区的白血病患儿家庭，还需要进一步的验证。

5. 白血病患儿的流动性较强。有些服务对象刚刚建立专业关系，来不及深入访谈就已经出院。这使得研究问题的典型性和全面性受到很大的限制，在一定程度上，浪费了团队成员的时间和精力。

6. 服务实施的局限性。山东省立医院儿童血液科的患者来自不同的市区，我们仅仅围绕医院社区开展服务，并不能深入到患者居住社区开展社会服务。

参考文献

[1] 赵毅娟. 白血病患儿及家属的医务社会工作服务研究 [D]. 山东大学，2019.

[2] 库少雄，林欢欢. 白血病儿童社会工作介入策略研究 [J]. 广东工业大学学报（社会科学版），2013.

[3] 高竹君. 医务社会工作介入白血病儿童家庭的困境分析 [D]. 兰州大学，2017.

[4] 宋斌，陈雁. 白血病患者希望水平与社会支持、负性情绪的相关性研究 [J]. 湖北医药学院学报，2016，35（04）：424—427.

[5] 李姗姗. 白血病患儿社会支持网络建构的个案管理模式研究 [D]. 山西医科大学，2017.

[6] 丹贞娜姆. 对白血病儿童临床社会工作的研究 [D]. 复旦大学，2013.

公共文化服务视角下广场舞治理的困境与对策调研报告
——以山东省曲阜市部分社区为例

团队负责人：李金盛（2017 级公共事业管理专业）　　　指导教师：韩瑶
团队成员：柴宏妍（2018 级公共事业管理专业）、李柯华（2017 级公共事业管理专业）、陈钊（2016 级公共事业管理专业）、刘悦欣（2017 级公共事业管理专业）

一、项目背景

党的十九大报告，提出了新时代文化建设的基本方略。报告明确了文化建设在中国特色社会主义建设总体布局中的定位，提出了新时代文化建设的目标，指出了新时代文化建设的着力点，提出了新时代文化建设的基本要求。文化作为民族凝聚力和创造力的重要源泉，已经成为综合国力竞争的重要因素，大力发展文化软实力，促进健康向上文化产业的全面、多向发展已经成为社会主义现代化建设的重要内容。在这样一种大背景之下，健康、和谐、快乐的广场舞应运而生并迅速席卷全国，然而，在这样一种健康文化的大发展之下，却有着诸多的社会问题伴随产生。

随着中国改革开放的不断深入发展与互联网技术在我国的广泛应用，我国公民的思想也在不断开放，不管是繁华的城市中心还是相对偏远的乡镇农村，只需要滑动自己的手机，便能瞬间了解到千里之外的事情，在这样一种情形之下，一种文化从出现到快速传播全国各地已经成为常态，不论是社会主义核心价值观，还是共建"一带一路"为我国发展带来的大好时机，都可以在发布的第一时间瞬间深入我们每一个公民的心中。在居民文化中，广场舞也凭借其独特的艺术形式、健康的价值意义，逐渐融入了全国人民的心中。

在广场舞发展之初，很多人对广场舞并无反对态度，许多子女在外务工，不能及时照顾好家里的老人，基于人类的社会性因素，极力推荐自己的父母去参加到广场舞团队之中。但是伴随着各地方广场舞发展团队的不断壮大，广场舞爱好者时间与热情的富裕，在有组织、有宗旨的前提下，广场舞逐渐席卷了各个时间段的黄金时间，为许多疲惫工作的年轻人带来了极大的骚扰，而传统复古的音乐也与年轻人的审美理念有着巨大的冲突。一时间，广场舞运动成了冲突的焦点，不同群体针对广场舞也有了不同的见解。广场舞已经成为一个让全体人民头疼的难题。

二、研究方法

本团队采用实地调研的形式，对曲阜市部分社区进行了实地采访，针对广场舞乱象较为严重的德化社区、齐王坡社区、吉祥社区进行了重点考察与采访。

（一）实地访谈法

针对上述地区社区广场舞的反感群体对于厌烦广场舞的原因进行了专门的采访，并对此进行统计总结，项目主要从以下方面展开访谈：
1. 被访者的年龄结构；
2. 被访者的职业类型；
3. 被访者对于广场舞的看法。

（二）问卷调查法

在上述社区进行了无差别问卷的发放，探究广场舞的各个群体对于广场舞现状的态度以及改善的相关措施，回收问卷编号后通过 spss 统计分析软件进行结果分析总结。

（三）文献法

在调研开始之前团队成员利用课余时间在学校图书馆以及中国知网查阅相关论文四十余篇把握了解调研的相关方法构建研究模型；同时通过网络查询政府出台的相关法律法规，了解当前有关广场舞为代表的公共文化类政策。

三、项目的主要内容

（一）社区广场舞低龄化趋势显著导致的自身调节难题

调研团队通过对德化社区、齐王坡社区、吉祥社区三个广场舞发展较早且在当地颇具名气的社区进行实地考察发现，上述社区的广场舞已经具有相对完全的广场舞体系，广场舞甚至不单单为年龄较大的大妈大婶，甚至有许多年轻少妇、宝妈都在广场舞队伍之中，一时间，广场舞成了风云际会的焦点，群体的年轻化，也是社区广场舞发展的重要原因。在广场舞发展的最初，广场舞群体多为退休后的大妈大婶，大妈大婶逐渐无时间截止的广场舞给社区很多年轻工作群体带来了相当大的噪音困扰，年轻人厌倦广场舞繁杂的噪音和循环洗脑的音乐，向居委会不断反映。而时至今日，随着社区内部男性收入的不断提高，许多妇女辞去了自己的工作，成了一名全职的家庭主妇，专心带孩子照顾家庭。全面二孩政策的放开，村里的孕妇宝妈也在日渐增多，许多人怀孕之后，便辞职在家，专门照顾起了自己的两个孩子。大量的时间空余也让自己逐渐开始寻找新的时间节点。基于健身房的办卡消费情况以及在社区周围发展的不成熟，发展较成熟且免费的广场舞便成了首选，年轻宝妈们的加入，在壮大了广场舞队伍的同时，一方面锻炼了自己的身体，消耗了自己的空余时间，另一方面更是为广场舞增加了一道重要的保护伞，许多年轻男性在前期厌烦广场舞的扰民，能直面居委会反映出自己的问题，现在随着自己老婆的加入，变得敢怒不敢言。许多人看到广场舞让自己的妻子找回了自己的青春，也只能睁一只眼闭一只眼，自己默默地忍受。

表5　三大社区各年龄段参与广场舞人数对比？

年龄		参与百分比	所占百分比	有效百分比	参与程度
年龄	20 岁以下	5	0.2	0.1	非常低
	20—40 岁	31	6.7	22	适中
	40—60 岁	71	53.1	68	非常多
	60 岁以上	62	40.5	53	非常多
	总计		100.0		

（二）政府缺乏明确的组织体制

广场舞是一种临时性的组织，社区中的广场舞群体集合多为到点式组织和商量式组织，即到了一定的时间点就主动集合跳舞和几伙人相约碰头，随口一商量，就立马集合跳舞，只要音乐一响，在家里闲暇无事的大妈就仿佛听到了召唤，立马收拾东西加入广场舞大军的行列之中。

既然是临时性的组织，就难免会存在制度上的一些缺陷，在公共文化服务管理方面，举办此类的文化活动，一方面不用进行相关备案，第二方面也不用去和专门的文化局进行承办场地的交接。承办此类场地一般接触的是城管执法与环保局，一半都不需要去和文化局等职能部门打交道，由此便显现出了政府文化管理不全面的问题，政府文化建设职能并没有得到很好的实行，让广场舞的管理产生了文化管理的空缺，进而导致了广场舞谁也不愿意管，谁也管不到的问题。政府没有对该类文化活动的明确规定，各职能部门相互推皮球，广场舞便在没有约束的情况下迅速发展。

在政府缺乏明确组织体制的情况下，就难免会导致参与群众在受到利益侵害时无法得到有效的维权和解决渠道。没有工商部门的介入，此类经营场地就不会具有严格的公平性，几个重要的广场舞场地没有明确的规则，在广场舞前期出现了"先到先得"的说法，而到了后期，广场舞多凭借前期谁经常占有，后期谁不能来的图书馆式占位现象。只要哪一个群体在前期通过大规模的人群占据了这个位置，后面的群体就只能加入，而不能占有，广场舞音乐和舞蹈类型也必须跟着前面的人跳，甚至在每一个广场都出现了"负责人"这一说，只要"负责人"在，这片场地就仿佛贴上了标签。在特定的时间段变成了一个群体的私有产物。

在上述情况下，出现了利益冲突问题。在一定规模的群体下，政府合理的介入便成了难题，在场地协调、时间调节、人员组织上都存在着许多中国特有的难题。

（三）性别定位存在思维定式

广场舞属于一种大众娱乐项目，是任何年龄段和性别的人都可以参加的，只要你想参与其中，就可以参与到这一活动中。但是众所周知，广场舞活动的参与者大多为女性，男性参与其中的也有，但是寥寥无几，更别说年轻男性，许多大爷想去跳舞，都抹不开面子。在德化社区的采访中，57 岁的王大爷就向我们表示，他的子女长期在外工作，只有过年的时候回来。自己和老伴平日在家里靠退休金生活，虽说不富裕，但是完全够自己生活所需。两人退休之后，有大量的空余时间，老伴每天都会去跟着相关的"负责人"去跳广场舞，这就让自己每天独自守在家里。老大爷曾经跟着老伴去参加过一次广场舞，但是发现在场的多数人均为女性，这就让老人感到浑身不自在，周围的中年妇女七嘴八舌，说自己不去遛狗养鸟，跟着一群老婆在这里跳广场舞。一来二去，虽然老伴时常鼓励自己不要听别人的逸言，但是自己还是很难接受别人七嘴八舌的议论，便退出了广场舞的圈子。老人在自己的空间里每日和手机一起，看着时时滚动的新闻和子女每天发来的照片。

表6　广场舞是否适合男性问卷调查

问题	重点选项	人数	比例
您认为广场舞适合男性参与吗?	非常不适合	88	27.5%
	不适合	172	53.53%
	无所谓	45	14.75%
	合适	12	3.75%
	非常合适	3	0.935%
	总计	320	100%

　　参与调查的社区中，有80%左右的人认为广场舞是一种女性的运动，认为男性参加广场舞是一种"娘"的表现。传统的思维定式也让越来越多的年轻参与群体对这一观点更加认同，甚至很多想参加广场舞的老大爷也逐渐认同这一观点，自觉地打消了参与广场舞的念头，甚至认为参加广场舞的男性都是"厚脸皮"。更是出现了很多年轻男性阻止自己父亲去参加广场舞的行为。上文中王大爷的儿子就曾经在微信视频中明确地表示过此类观点，认为自己的父亲应当多和一些下象棋的老大爷一起聊聊天，出去跳广场舞完全是给自己"招黑"。

四、主要的结论

　　曲阜市德化社区、齐王坡社区、吉祥社区的广场舞活动在近几年得到政府资助的情况下已经有了飞跃式的发展，广场舞人群的增长和组织的临时性等特点都给广场舞治理带来了日益严重的问题。从广场舞自身群体的年轻化，导致许多受到广场舞骚扰的人变得敢怒不敢言，有苦说不出。其传统的性别认定也让许多想参与到广场舞中的男性同志参加不进去，而政府职能界定的模糊，协调工作处理上的难题。又让广场舞问题在个别部门的踢皮球之下变得日益复杂。

五、相关的建议

（一）完善相关法规

　　目前针对广场舞扰民现状，我国法律尚且不能给出合理明确的调解方案，导致许多广场舞扰民难题只能通过调解的方式进行缓和，不能通过法律的方式进行根治。相关立法部门应当在针对广场舞声音大小的限定、禁止活动时间的规定以及有关广场关于广场舞的使用规范等方面做出明确的制定，才能从根源上解决广场舞乱象的发生，明确广场舞文化的内涵，从广场舞发展的初衷上来解决问题，为广场舞文化做出明确的法律定义，帮助更多深陷广场舞骚扰和广场舞参与者解决问题。

（二）重视小型文化广场建设

根据目前许多有关广场舞的已有成果来看，少有文中提到政府的相关职能作用。随着中国改革开放的不断深入、中国特色社会主义市场经济的不断发展，中国的城市化进程在不断地加快与推进。但是在突飞猛进的城市扩张之下，虽有许多大型城市中心广场，但是却很少留出一些中小型广场来给广场舞团队使用。从大方面来看，城市中专门为小型文化活动而设立的广场并不多见，大型文化活动多在城市体育馆和专门的剧院中心举行，这就让文化活动向一种虎头蛇尾的模式中发展。

文化作为一种国家软实力，作为国家综合国力的重要体现，其多样化发展应作为社会建设的重要环节。政府有关部门在城市规划过程中应当着重为居民建立相关的文化娱乐广场，方便居民在茶余饭后进行相关的文化活动。通过小、散、多的方式，让城市更多地区的更多群众可以方便地参与到自己附近的广场舞之中。有了更大的蛋糕，就会减少更多的矛盾和冲突。

（三）明确政府相关部门的文化建设职责

政府应当加强文化建设职能，定期组织相关的市民文化活动，可以帮助更多群体参与到其中。一来可以减少广场舞扰民的乱象，通过更加多种多样的文化活动来补足这一空缺，丰富居民的精神文化生活，弘扬优秀文化，加强社会主义精神文明建设。二来可以帮助许多其他年龄段和性别的群众参与到这一文化盛宴中来，解决上文中所提到的类似王大爷的问题，解决更多人的文化活动的问题，提升社区居民的幸福指数。

其次，明确政府相关部门的文化建设职责，分清权利界限，让民众出了问题有地方找，遇到问题有人解决，防止踢皮球的现象发生，整治相关部门的不作为乱象，给不敢管的部门加上定心符，给不想管的部门带上紧箍咒，让管不了的部门进行相关整治，防止政府内部对文化重视不够现象的发生，坚决抵制有关部门的不作为。

（四）加强市民的思想引导

目前来说，我国居民还很大程度上受到传统思想观念的影响，思想开放程度还远远不够，或者说存在着片面性的特点。广场舞作为一种大众文艺项目，男性女性均有参与的条件，通过其他文化活动来帮助高龄男性参与到业余文化活动之中仅仅是一种权宜之计，要从根本上解决这一问题必须从居民的思想上进行引导和改变，帮助居民树立正确的思想认识，解决因为市民的固化思维导致对男性广场舞的歧视问题。相关的文化部门应当做好宣传教育工作，适当地开展动员大会和相关的教育讲座，校正市民的错误观点。让市民对广场舞有新的认识，以此推动广场舞朝着健康有益的方向发展，向着全民共建的方向发展，帮助广场舞开拓新的局面。

加强思想引导的同时，应当防止封建残存思想对于文化活动开展的影响。尤其是在农村，封建残存思想十分严重，对高雅文化的发展十分不利，以"帮派主义"为主的广场舞封建文化也阻碍着广场舞朝着健康向上的方向发展，许多广场舞群体内部的冲突也都围绕着这一焦点展开。这种"帮派主义"游离于政府现在大力倡导的扫黑除恶，但却涉及了广场舞活动的方方面面，乃至广场舞舞蹈的选曲和动作都受到此条件的影响。针对这一现象，政府通过合理的推敲、适当的承办，将对这种现象有着极大的改善。政府开展的广场舞活动将能很好地规避这种现象的发生。一方面帮助广场舞的参与群体明确了参与的时间和意义，另一方面可以通过投票选举的形式满足大多数广场舞群体的需求，从根源上解决广场舞群体内部的冲突问题。

（五）创新管理方式，搭建交流平台

许多广场舞的参与群体与社区居民的矛盾之所以深化，重要的原因在于沟通不到位。双方有了矛盾以后，通过激烈的争吵为自己的利益辩护，在街坊邻居的开导之下双方暂时熄火，"各自回营"，然而在这之后面临的却是更大的矛盾冲突。政府相关部门应当在有相关冲突的社区主动搭建交流平台，帮助广场舞群体和被骚扰的群体构建一个交流的平台，并通过聘用第三方组织或相关的矛盾调节能手，帮助相关社区进行广场舞问题的调节。通过谋求中间值，帮助双方签订合适的协约，既创新了社区管理的办法，为后来的社区治理提供了宝贵的经验，又协调了邻居之间的关系，为构建和谐社区打下了基础。除此之外，政府还可以通过建立互访信籍、微信交流群以及政府组织互访的形式，帮助群体之间化解矛盾，为创新社区治理提供新的经验。

六、项目的不足与局限。

（一）调研经费不足导致调研地区的局限性

本次调研受限于经费问题，原本选取七个社区进行调研，但是受限于经费问题，调研组只能选取三个具有代表性的地区进行调查研究，由此得出的数据与事前准备工作中准备的材料所预算的结果稍有偏差，但是大致结果相同，在调研的时间上也受限于经费问题，不得不缩短调研时间，原定一个半月的实际考察在进行了二十多天后不得不告结束。通过缩短调研进度的方式，来尽可能地帮助我们完成重点区域重点问题的调研，因此调研结果可能存在个别部分的不完全性和不完整性。

（二）人员配置不够

本团队原本打算通过六人的调研团队进行实地调研，但是受限于两名成员因为自己家庭的原因，没有参与调研活动，为我们的调研带来了部分困难，在数据的把控和问卷的发放与回收上造成了部分麻烦，但是我们通过拉长调研时间解决了这一问题。最后，虽然有个别社区没有进行实地考察，但是仍然完成了重点社区的调研，如果我们可以配置更多的调研人员，我们可以进行分组调研的方式进行考察，届时我们将会得到更加全面的数据。

（三）地方民俗对调研的压力巨大

我们调研队的成员本着与相关社区负责人进行良好沟通的目的，与社区负责人进行沟通交流，但是挡不住当地居民的盛情难却，对外来客人的热情，强留我们在家中吃饭，否则会极大程度地阻碍我们的调研。我们为了保证调研的顺利进行，同时不消磨当地居民好客的热情，与当地居民进行了具有纪念意义的聚会。在餐桌上，入乡随俗，我们难抵当地居民热情的当地酒，团队成员本就不胜酒力，在当地居民热情好客的劝杯之下，我们的成员第二天的调研受到了极大的影响。但是好在团队成员及时调整自身状态，投入到了紧张的调研之中。

参考文献

[1] 吕子晔，赵冰．积极老龄化视角下退休老年人广场舞活动的社会学分析［J］．农家参谋，2019.

［2］徐月萍，陈华英．广场舞的文化功用和社会效益［J］．人民论坛，2019．

［3］米昂．太原区域广场舞开展现状及对策研究［J］．北方音乐，2019．

［4］王敏．人民群众广场舞发展的策略探讨［J］．中国民族博览，2019．

［5］曹海军，李明，侯甜甜．基于涉老突发事件的网络舆情预警实证研究——以"广场舞老人霸占篮球场"事件为例［J］．重庆邮电大学学报（社会科学版），2019．

［6］曹亚茹．济宁市广场舞发展现状的调查研究——以兖州区为例［J］．安徽体育科技，2018．

［7］徐琴．制度变迁视角下广场舞的健康发展研究［J］．成都行政学院学报，2018．

［8］郭春阳．公民社会权利视野下的城市公共空间构建与管理——基于广场舞纠纷事件的探究［J］．开封教育学院学报，2018．

［9］陆鹰．广场舞在现代公共文化服务构建中的促进价值［J］．传媒论坛，2018．

七、附录

（一）附录一：调查问卷

公共文化服务视角下广场舞治理的困境与对策调查问卷

尊敬的朋友：

您好！感谢您参加公共文化服务视角下广场舞治理的困境与对策现状调查，本次问卷调查活动仅做研究之用，问卷为匿名填写，不会泄露您的个人信息，感谢您的配合。请在每题选项□上打√表示您的选择，请在_____如实作答即可，如无特殊标识均为单选题。感谢您的热情参与与积极配合，谢谢！

山东青年政治学院

公共文化服务广场舞治理研究小组

2019 年 1 月 20 日

第一部分

Q1：您的性别

□男　　　　□女

Q2：您的职业

□老师　　　□学生　　　□工人　　　□白领

□家庭主妇　□公务员　　□医生　　　□其他

Q3：您的学历

□没有受过正式教育　　　□小学　　　□初中　　　□高中

□中专或技校　　　　　□大专或大学非本科　　□本科　□本科以上

Q4：您的年龄

□60 后　　　□70 后　　　□80 后　　　□90 后　　　□00 后

第二部分

Q5：您所在的小区或周边有广场舞现象吗

□有　　　　　□没有

Q6：您是否参加过广场舞

□是　　　　　□否

Q7：您觉得参加广场舞的年龄段主要是

□20—25　　　□25—30　　　□30—40

□40—50　　　□50 岁以上

Q8：您看到的广场舞参与者多为哪个性别

□男　　　　　□女

Q9：您对广场舞的认可程度

□非常喜欢　　□喜欢　　　□无所谓　　　□没有好感甚至厌恶

Q10：您认为广场舞有哪些好的影响

□延年益寿　　□美体减肥　　□休闲娱乐

□增进友谊　　□热爱生活　　□其他

Q11：您认为广场舞有哪些不好的影响

□扰民，影响正常休息　　　□影响市容　　□影响公共卫生

□占用城市广场　　　　　□其他

Q12：身边是否举办过广场舞比赛

□有　　　　　□无

Q13：影响您参加广场舞的因素

□没有时间　　□没有场地　　□觉得丢脸

□不感兴趣　　□其他

Q14：您赞同当前在社区或大型广场上跳舞这种现象吗

□非常赞同　　□比较赞同　　□比较不赞同　　□非常不赞同

Q15：您是否感觉广场舞影响了您的正常生活

□非常影响　　□一般般，可以接受　　□不影响

Q16：您觉得广场舞在哪些方面影响了您的生活

□早晚睡眠 　　□日常工作 　　□其他 　　　　□不影响

Q17：您是否认为应当出台相关政策或法律法规对广场舞加以约束

□很有必要 　　□支持

□本是娱乐活动，不应加以约束 　　　　　　□非常反对

Q18：您对于广场舞扰民问题的看法

_____

_____

Q19：您是否有比较好的解决措施？简单陈述。

_____

_____

再次感谢您的参与！

（二）附录二：访谈提纲。

公共文化服务视角下广场舞治理的困境与对策访谈提纲

尊敬的朋友：

您好！感谢您参加公共文化服务视角下广场舞治理的困境与对策现状调查，本次调查活动数据仅做研究之用，不会泄露您的个人信息，感谢您的配合。

山东青年政治学院
公共文化服务广场舞治理研究小组
2019 年 1 月 20 日

1. 您所在的小区或周边有广场舞现象吗？
2. 您看到的广场舞者多为哪个性别？
3. 您认为广场舞有哪些好的影响？
4. 您认为广场舞有哪些坏的影响？
5. 您认为是否应该出台相关政策或法律法规对广场舞进行约束？
6. 您对于广场舞扰民问题的看法？
7. 您是否有较好的解决措施？简单陈述。

_____

再次感谢您的参与！

乡村振兴战略下西部农村村民自治认知现状调查

——以四川省部分村民自治模范乡镇为例

团队负责人：胡蔼娟（2018级政治学与行政学三班）　　指导教师：段微晓

团队成员：朱进平（2016级政治学与行政学专业）、叶清（2016级政治学与行政学专业）、王东生（2017级政治学与行政学专业）、唐铭（2018级政治学与行政学三班）、陈果（2018级政治学与行政学专业）、沈鸿鹏（2018级政治学与行政学专业）

一、项目背景

党的十九大明确提出了乡村振兴战略，并要求实现治理有效。2018年中央一号文件《中共中央国务院关于实施乡村振兴战略的意见》和十九届三中全会进一步要求坚持"自治、法治、德治相结合"，"推动乡村治理重心下移，尽可能把资源、服务、管理下放到基层"，建设"简约高效的基层治理体制"。2018年12月29日中央农村工作会议指出要建立健全党组织领导的自治、法治、德治相结合的乡村治理体系，打造充满活力、和谐有序的善治乡村。2019年中央一号文件也指出要建立健全党组织领导的自治、法治、德治相结合的领导体制和工作机制，发挥群众参与治理主体作用，健全村级议事协商制度，推进村级事务公开，加强村级权力有效监督，指导农村普遍制定或修订村规民约。长期以来，村民自治作为乡村治理和基层民主的重要组成部分受到高度关注。但在不断变化的社会环境和理论创新中，尤其是取消农业税和税费改革后，村民自治面临着既缺乏参与动力，又缺乏明确实体的困境，呈现出"弱化"趋势，而在西部欠发达农村地区，村民自治的困境更加明显。本调查通过对四川省部分村民自治模范乡镇的实地观察和了解村民对村民自治的认知情况，可以回应党和国家推动乡村振兴战略的布署，对提升乡村治理能力和实现治理有效具有现实意义。

二、研究（或调研）方法

（一）访谈法。根据访谈对象的不同，制定访谈提纲，设置相应的访谈问题。分别在当地村民委员会和村民进行随机访谈；同时，参观当地村民委员会及有关村民自治的实践情况。

（二）文献参考法。采用文献研究法，对国内现有有关村民自治现状的研究进行整理分析，并走进当地政府和档案馆调研，收集当地有关村民自治实践的资料。

（三）观察法。团队成员通过亲身经历、实地走访和观察，收集亲眼所见所闻为第一手材料。

三、项目的主要内容（或调研的主要数据资料，包括现状、问题及原因分析）

（一）调研对象

四川省 2016 年村民自治模范乡镇的部分村民

（二）调研时间

2019 年 1 月 19 日到 2019 年 1 月 26 日

（三）调研地点

四川省乐山市犍为县九井乡九井村、峰门村
四川省巴中市南江县石滩乡宋家坪村
四川省达州市万源市青花镇方家梁村

（四）调研内容

本项目组以四川省 2016 年评选的部分村民自治模范乡镇为例，以村民为主要调查对象进行实地走访考察，了解欠发达地区村民对村民自治的认知情况，同时参考政府政策、村规民约等文件制度和学术文献研究相关资料，从村民选举、管理、决策和监督等方面分析当前农村村民自治的现状和存在的主要问题、影响因素及解决途径与方法等，以期为改善欠发达地区乡村治理环境，提升村民自治能力，推动乡村治理有效。

（五）项目分析

1. 调研地基本情况

（1）九井村位于九井乡北面，距集镇 2 公里，与双溪乡、清溪镇接壤，面积 27 平方公里，耕地面积 1205 亩，是以种植花木、林竹、生姜、果树、水稻为主的传统型农业村。全村总人口 253 户 816 人，辖 7 个村民小组。全村现有省级文物保护单位禹王宫 1 个；有泥鳅养殖基地 1 个，占地约 13 亩；有花卉苗木专业合作社 1 个，种植面积 700 余亩。村内公路 28.5 公里，其中已硬化 28.5 公里，全村人均纯收入达 11649 元。

（2）峰门村位于九井乡东南面，东与金鼓村连界，南与沐川县连界，西与沐川县连界，北与佳沟村连界。全村面积 6.78 平方公里，系丘陵地带。现有耕地面积 1100 亩，其中田 700 亩，土 400 亩，退耕还林 447 亩。林地面积 6465 亩，森林覆盖率达 63.7%。全村总户数 404 户，总人口 1456 人，辖 10 个村民小组。村内设有 2 个卫生院，2 个天然气矿井，有 4 口山塘。全村共有公路 8 条，总长 3.7 公里，其中硬化公路长 3 公里，机动车辆 371 辆。全村经济作物以花卉、林竹、生姜、海椒、生猪为主，农作物主要以水稻、玉米、红苕、油菜、大豆为主，2018 年人均纯收入 11649 元。

（3）宋家坪村位于石滩乡东部，平均海拔 900 米，面积 5.9 平方公里，耕地面积 1080 亩，林地面积 3698 亩，辖区 4 个村民小组，共 302 户，总人口 1226 人。全村共有村社干部 8 人，其中支部书记 1 名，村主任一名，督察员 1 名，村文书一名，计生专干 1 名，民兵连长 1 名，社长 4 名其中二名兼任。全村有精准贫困户 52 户，202 人。

（4）方家梁村位于青花镇东南部，距离青花场镇 2.5 公里，幅员面积 6.4 平方公里，辖 3 个村民小组，154 户、496 人，劳动力 297 人。全村紧邻襄渝铁路、汉渝公路，村道路社社贯通，电力、通讯实现全覆盖，电信宽带已入村。村内地势以山地为主，现有耕地 351 亩，以种植业和养殖业为主，外出务工和猕猴桃产业发展是全村经济收入的主要来源，已发展猕猴桃 400 余亩、茶叶 320 亩和巴山土鸡养殖年出栏 3000 只。

2. 国内村民自治相关研究现状

本项目以四川省九井村、峰门村、宋家坪村和方家梁村为例，实地调研当地村民自治实践现状及村民对村民自治的认知情况，以期为当下村民自治及乡村治理研究提供新素材，同时为助力乡村振兴战略具体实施出谋划策。通过梳理现有理论研究，国内理论研究成果主要体现在以下几方面：

项目组通过学校图书馆"中国知网"搜索引擎，在中国知网上以"村民自治"为限定词进行主题搜索，文献总量高达 16349 篇，有关村民自治的研究主要集中于如下主题：村民委员会、村干部、村民自治制度、乡村治理、村务公开等。而研究村民自治的具体内容主要有以下几个方面：

（1）关于村民自治单元的研究

村民小组是乡村治理体系中最基层的治理单元，是农民与村级组织和国家之间的媒介，对乡村社会的治理发挥着重要作用。具有代表性的研究如李永萍等基于川西平原村民小组的有效治理，认为村民小组的治理能力有赖于治理过程中治理主体、治理资源、治理动力和治理的合法性的共同作用[1]。晏俊杰认为村民自治作为一种村民共同参与的治理行动，其有效性取决于一定的利益因素与规则约束，自治基本单元的有效性决定了村民自治的有效实现，利益相关度高、规则内生性强的单元即是有效的自治基本单元[2]。

（2）关于村民自治制度的研究

自村民自治制度正式成为国家一项地方基层民主制度，有关该制度的理论范式、运行条件等都存在争议和探讨。如王可园以权力和权利互动的理论视角，将村民自治制度演进分为重点推进村民选举、村务监督制度创新和协商治理实践发展三个阶段[3]。不少学者从法治、选举、制度演进等不同层面展开研究，如黄璐认为我国村民自治制度发展和运行质量将会在短期和长期两个不同阶段有着不同的特点，即乡村有效治理和与党内基层民主一起成为我国社会主义民主建设的重要根基[4]。

（3）关于村民自治选举的研究

村民自治选举是自治的前提与基础，村民根据自身意愿选出村里的"当家人"，因此，不少学者对村民选举的程序、机制以及存在问题进行了研究。如战晓华等专门对村民自治中民主选举程序进行了研究：组织机构—选民登记—提名产生候选人—竞选—投票—监督—处理争议与违法事件—罢免，并分析了选举各环节存在的，如选举委员会中立、大量使用流动箱票和委托投票及贿选等现实问题[5]。黎莲芬基于对村民选举的现实考察，认为基层政府干预过多、贿选现象严重、村民实际参与率不高是当前村委会选举中存在的主要问题，并提出了解决方法[6]。刘行玉针对夏村村民选举进行实际观察，认为宗族观念、选举程序以及村庄派系竞争的均势性构成支撑村民积极参与选举的重要因素[7]。另外，村民自治实践中权力获得是通过选举民主来实现，而权力行使一直流于形式，使村民自治权异化为"他治"。章荣君认为要改变这一现状，就需要在权力行使上采用协商民主的机制，实现村民自治中选举民主与协商民主的协同共治，让村民充分享有知情权、决策权和参与权，才能确保村民自治能够真正地"找回自治"[8]。

（4）关于村民自治民主参与的研究

民主选举的前提是民主参与。基于经济社会的发展变化和农村社会的实际情况，村民参与村事务的问题和影响因素越来越多，因此，有学者针对影响村民参与的因素和原因进行了探讨。如叶静怡等从征地的经济利益出发，通过样本数据回归分析认为征地带来的利益大小和集体经济带来的收入高低均显著影响村民的投票行为，可见利益才是激励村民民主参与的内生动力[9]。

（5）关于村民自治困境的研究

改革开放以来，随着市场化经济、城镇化发展，乡村社会日渐衰颓，大规模的农民进城务工，大量农村人口尤其是农村青壮年的离乡进城，农村"空心化"现象日益加剧，村民自治制度难以有效运行，村干部队伍严重弱化，基层党组织的核心地位和堡垒作用难以发挥，农村留守群体问题日渐突出，欠发达地区缺乏经济资源，村委会运转难以为继，从而使乡村社会治理面临着一系列严峻挑战。国内学者针对这一系列问题展开了大量研究，也提出了许多建议和对策。

此外，村民自治在运行过程中面临着三个基本问题：在人民民主中坚持党的领导（村委会与村支部的关系）、协调不同层级民主权威间的关系（乡镇政府与村委会的关系）、政治发展与传统政治文化间的矛盾（公民文化与宗族文化）[10]。从党的领导原则出发，村支部的权力应处于首要的地位，而从人民民主的原则出发，村民自治的核心就是农民通过民主的原则实现自我管理，选举产生村委会代表农民管理农村事务。由此可见，村委会与村支部权力重叠的实质是由上而下的党的权威和由下而上的人民民主的权威在村一级事务中发生了重叠，在实际运行过程中易出现冲突。村委会与乡镇政府的关系同样也是两种权威之间的矛盾。在中国的传统社会里，宗族是村里真正具有支配能力的组织。但从村民自治推行以来，宗族在农村社会生活中的地位和作用却反而被突显了出来，它们在当代农村依旧发挥着巨大作用，拥有一种"教化的权力"和"同意权力"[11]。

（6）关于村民自治的有效实现形式的研究

村民自治在中国乡村治理已发展了四十年，随着农村社会的转型与分化，原有的制度设计跟不上日益变化的自治实践，传统政治文化和公共资源的消解等因素都给当前村民自治带来极大的困难。因此，有大量学者从不同视角探讨村民自治能有效实现的形式和方式，如黄辉翔提出村民自治的成长，还有赖于乡村社会发育，应着眼于乡村社会的内部建设，尤其是要解决好村民自治的组织基础、财政基础、文化基础和社会基础等问题[12]。邓大才提出了村民自治有效性的影响因素，认为村民自治的有效性是利益、文化、地域、规模和个人意愿的函数，提出有效实现村民自治需要相应条件，村民自治有效实现是多因素综合的结果，应当以适宜的条件推动村民自治的深入发展[13]。并且，邓大才提出了利益相关是村民自治有效实现形式的产权基础，认为村民自治单元只有与利益紧密相关的所有制单位大体一致，自治才能够有效实现，才能建构有效的实现形式[14]。

（7）改革开放以来村民自治研究的回顾与展望

村民自治本质上是因制度变迁与社会发展的需求产生的，而自治始于农民的日常生活，是基层民主的内生力量。陈明，刘义强认为学界关于村民自治的研究经历了三个阶段：完善制度体系—中国农村治理本土化研究—自治单元下沉使村民自治"落地"[15]。徐勇教授在文化与区域对比的基础上提出了东方自由主义视角下的中国农村本源型制度——家户制传统的概念与分析框架，以此来解释中国农村社会的特殊性，因此，如何解决家户利益同村落共同体利益间的冲突是突破村民自治困境的核心方向[16]。村民自治制度是我国法律规定的第四类地方自治制度形式。1998年修订的村民委员会组织法规定："村民委员会是村民自我管理、自我教育、自我服务的基层群众性自治组织，实行民主选举、民主决策、民主管理、民主监督。"从立法上保障和实现农民当家做主的权利，使得法定期限和程序下的投票、会议讨论、日常监督等成为亿万农民日常生活和生产的组成部分。因此，自治是法律下的自治，没有法律就没有自治[17]。在实行村民自治的过程中，撤乡并村、新农村建设、农村社区建设、城乡统筹与一体化等国家主导的诸多制度（机制）的同时性构建，造成了乡村政治行为主体的分化与多元化，使乡村治理出现"碎片化"，村民自治遭遇瓶颈[18]。卢福营在回顾新时代村民自治发展时认为，研究村民自治的发展有三种主要思路，即探索不同情况下村民自治的有效实现形式、从村民自治走向社区自治，以及从村民自治走向总体性治理。国家宏观政策取向和基层治理政策的调整和农村经济社会的结构性变迁是近年来村民自治发展的影响因素[19]。

3. 调研地村民自治相关制度介绍

为落实乡村振兴战略部署，各地基层政府都制定和下发了具体的政策文件，以缩小城乡发展与治理间的差距及不平衡、不协调性，形成基层党组织领导、基层政府主导的多方参与、共同治理的乡村治理体系体制，提升治理能力，夯实党的执政根基、巩固基层政权提供有力支撑，推进治理体系和治理能力现代化奠定坚实基础。就实地调研情况来看，各村都按照基层政府下发的文件要求，实现村民自治相关制度上墙公示，让村民看得见、看得清、监督得到。在调研过程中，涉及村民自治的制度规定大致有以下几方面。

（1）村干部及村组织的职责规定。如村民委员会工作职责、村委会主任职责、村委会委员职责、村民小组长职责、村委会副主任（村文书）职责、村务监督委员会职责以及代办工作人员职责、农村党风廉政建设督察员职责等。

（2）村级事务工作制度及规定规范。如村民委员会工作制度、村两委联席会议制度、村务公开制度、村财务管理制度、村务监督委员会工作制度、首问负责制度、责任追究制度、限时办结制度、一次性告知制度以及村干部廉洁履行职责行为规范等。

（3）村（乡）规民约。为推进本村民主法制建设，维护社会稳定，树立良好的民风、村风，创造安居乐业的社会环境，促进经济发展，建设文明卫生新农村，经全体村民讨论通过制定。

通过个别访谈村主任、普通村干部及村民发现，尽管有关村民自治的制度及职责规定都公示于墙上，但村干部和村民都选择视而不见，也没有组织学习和为村民讲解，成为摆设。另外，由于村民文化程度低，理解不了公示在墙上的制度规定，从而为村务工作增添许多困难。

4. 调研地村民自治实践及村民认知现状分析

本项目组基于对村民自治的初步认识，访谈提纲主要围绕民主选举、民主决策、民主管理、民主监督四个方面进行设计，分别针对村民和村干部进行访谈，以了解当地村民自治实践的现状和村民对村民自治的认知情况。由于调研地的实际情况不相同，同一自治制度和运行机制下，村民自治实践的情况和村民认知也有许多差异。

（1）村民选举

村民选举由乡镇政府派驻工作小组组织动员村民参加选举，并成立选举委员会。村民委员会每三年换届，村民参加选举必须具备身为国家公民并且年满十八周岁的法定资格，选举委员会在选举之前统计并张榜公布参加选举的人员信息，一人最多代选两票，不在村的村民总共有三张有效选票。如遇特殊情况，村委会委员逐户走访开村民小组会议推选，每一户农户必须有一个代表行使参加选举，另外与不在村的村民通过微信等通讯手段联系沟通，行使权利。选举程序严格按照上级文件进行，可调整时间安排。村民选举过程中有存在村民贿选、拉票等现象，一旦发现立即进行二次选举，保证选举的公平公正。

候选人由上一届村委会提名、村民推荐，上报给基层党委与政府会议讨论研究决定，在三至五名候选人中进行无记名投票，选出一名候选人当选。通过投票、唱票、监票，选民一人一票，在自己满意的候选人名字下勾选，多数票候选人当选。村民选举由上一届村党支部书记主持，执行主席团负责具体事务。在特定地方（一般是村委会）召开全村村民会议。在村民投票之前候选人会针对自己今后的工作展开演讲，由村民评判、选出满意的"当家人"。投票选举结束，必须张榜公示征求村民意见，无异议后向村民们对自己今后工作的方案和措施进行具体阐述。

村庄实际情况的差异，导致不同村庄的村民参与选举的积极性也不同，通过对四个调研地村庄的观察，发现人口较多、经济落后的村庄村民参加选举的积极性不高，有意主动参加竞选的村民更少，而人口较少、经济发展较好的村庄村民积极性很高。

（2）民主决策

村大小事务都必须先由村党支部、村民委员会讨论研究，再召开村民代表大会进行投票表决。尽管村干部如何详细解释大小事务应该怎样做、谁去做，但村民仅关系与自身密切相关的事务，对待日常事务或其他小事则缺乏积极性。为村庄发展建设出谋划策的主动性和自觉性，除少数村民冷眼旁观，大多数村民都愿意积极参与本村的发展建设上来。对于村干部来说，所有涉及村民利益的事务、资金都必须公示公开，重大决策与具体实施都必须召开村民会议进行评议决定，村务决策与管理工作必须严谨慎重。

（3）民主管理

由于调研地属于西部欠发达地区，各村除传统种植业和畜牧业以外，村集体产业都是通过扶贫政策与资金，在当地基层政府的指导和行政部门扶持下发展起来的。村庄经济发展的产业并未形成多元的产业体系，因此，几乎没有在村党委领导下的其他村民间自发组织，仅存在一些生产组织和带有风俗习惯的组织，如红白理事会。村民参与村级事务的管理，主要通过村民大会、村民代表会议、村民理事会等组织，并且村民们认为只要不是大事、未涉及自身利益的事务，都应该是村干部的工作和职责。可见，村民对于参与自主管理村级事务的积极性和主动性依然不足。

调研地的村务公开工作开展得不错，扶贫工作目标及进度、村委会资金用度、产业或工程项目、村庄发展年度工作计划、涉及村民利益的事项以及基层政府下发的文件等都会张榜公布在村务公开公示栏，做到了公开透明，接受监督。但是，除了涉及自身利益的公示事项，村民对其他的公开事务的关注度都较低，了解村内事项基本通过村干部解释，或者少数村民的传播与介绍。

（4）民主监督

村民有监督村委会和村干部工作的权利，可以依照程序向组织反映自己的意见。当他们向村上反映情况不是很理想的时候，可以向乡上反映。村干部也愿意接受大家的监督，可以在党务会和村民代表会上畅所欲言。村干部在进行决策与管理村事务时，将村民的意见和建议，与村委会和党支部的想法结合，并在不违背法律和规章制度的情况下修改完善。

村民监督委员会不由村干部兼任或任职，直接由村民选举产生，是独立于"村两委"的纪检小组，其中非干部、非党员所占比重大概占三分之一。村里召开的各类会议、基础设施建设项目的资金用度、村级事务的决策与管理、村民选举等村民监督委员会都会进行监督与记录、存档。村民监督村干部及工作的内容有村内资金用度、工程项目开支、产业发展项目落实等，可采取的方式可通过村民大会（不定期召开，有大事、上级政策即召开）、村小组组长等村干部反映，村网实现全覆盖后，微信、电话、广播等即时电子通讯设施成为村民监督和反映意见建议的首选方式。村干部在接到反映的问题和意见时，必须第一时间到位处理、协调，村内召开重大决议、会议或宣传惠民政策等，每户农户都会参与到讨论研究中，并随时监督政策、项目的落实。

（5）村民认知情况

村民自治制度在广大农村地区实践近 40 年，村民进行自我管理、自我服务、自我教育，以及民主选举、决策、管理与监督本村事务的意识已深入人心。但乡村社会日渐衰颓，大规模的农民进城务工，大量农村人口尤其是农村青壮年的离乡进城，农村"空心化"现象日益加剧，村村干部队伍严重弱化，基层党组织的核心地位和堡垒作用难以发挥，农村留守群体问题日渐突出，欠发达地区缺乏经济资源，村民自治制度难以有效运行，村委会运转难以为继，从而使乡村社会治理面临着一系列严峻挑战。基于此，本项目组认为在不断变化发展的乡村社会里，村民个体的意愿和能力决定村民自治的好坏和发展。

经过几十年的基层民主治理和民主社会化，农村村民对自治的要求愈来愈高，参与村级事务决策、管理与监督的主动性与积极性很高。但近几年社会发展迅速，城镇化进程加快，导致大量农村留下老弱妇幼参与村庄建设与发展。尽管精准扶贫好政策大量输血改善农村面貌，但大部分村民仍然认为外出务工、经商等是脱贫的最好办法。因此，村民对村民自治的参与程度就大大减少了。本项目组在调研过程中发现，大部分村民仅在开会或办事时才会去村委会，公示在墙上的各类自治制度形同"装饰"。由于村庄青壮年都外出了，村民选择自己的"当家人"时主要考虑候选人与自己家的人情关系如何，并凭借左邻右舍口中的"闲话"判断是否要在选票上画钩，至于当选的村干部工作能力和品德等才能是不关心的。同时，对于村庄基础设施建设和产业发展也只了解个大概，在村干部的耐心解释中听到"有好处""有钱挣"就盲目跟风，"多少参与点，能挣钱就多种点，家里也不指望这吃饭"。对于村级事务管理和村财务管理监督，村民们认为只要村干部的工作落到实处了，看得见、有好处，其他事都是村干部的事。但涉及自己家的事，如评低保、评贫困户等实惠政策，村民大多是"锱铢必较"，对于其他评上的总是心理不平衡，三天两头找村委调解，尽管这是少数村民，给村务工作增添了许多压力。大多数村民对于村委会讨论的事项是持赞同和支持态度的，只要出现的问题不涉及自身。

总的来说，在村民自治实践的过程中，尽管面临着劳动力流失、村民参与度较低等问题，但村民对于自己拥有参加选举、参与村级事务的决策、管理与监督的权利是很满意的。最主要的问题是村庄经济的发展跟不上村民参与自主管理村庄的需求，以至于大部分村民对村庄建设与发展的关注度较低，除了对修路架桥、水电网气覆盖等生活必需品的关注。

四、主要的结论

（一）存在问题

1. 村庄集体产业结构、生产方式单一，农村经济发展缓慢阻碍当地村民自治的实际运行

随着农村经济市场化改革的深入，农业税的取消与精准扶贫专项扶持激发了农村地区招商引资发展经济型产业，摆脱产业结构单一的活力。但由于地理环境、交通条件、劳动力流失及盲目跟风等多种因素的限制，使得西部欠发达农村地区经济发展面临重重困难。由于调研地村庄地形多为山地，因此，中药材、林果业、养殖业等成为当地激活村集体经济的主要产业。项目组调研中发现，在扶贫攻坚从"输血"政策转变为"造血"政策的过程中，发展村集体产业形成由基层政府指导、基层行政部门驻村扶持、惠民与扶贫政策保障、村干部带头、村民劳作服务与入股分红的内生型产业扶持模式。其中也存在许多问题，以宋家坪村为例，由于因地制宜地尝试性种植，村民将良田肥地复垦出来，先后栽种中药材、核桃、脆蜜李等，村集体出资购买种苗，并有偿分发给每户自愿栽种的农户，县农业技术员到村给村民统一培训后就不管了。由于缺乏劳动力和技术型人才监管，药材或果树生长周期结束后，村民发现销售渠道窄、运输成本高，没有收益，田地又恢复了种植水稻与玉米。这样如此反复地实验探索，不仅浪费地力，也打击村民发展产业的积极性，收入得不到保障，参与村级事务的主动性与积极性自然不足。

2. 有关村民自治的制度规章成摆设，村规民约未及时调整修改

有关村民自治的制度及职责规定都公示于墙上，但村干部和村民都选择视而不见，也没有组织学习和为村民讲解，成为摆设。由于村民文化程度低，理解不了公示在墙上的制度规定，村干部的解释存在偏差，从而为村务工作增添许多困难。村规民约虽然每户都分发一份，并贴在显眼位置，但真正落实行动的仍是少数，即使有的村庄将其编得朗朗上口，其中的一些约定已不符实际，也未调整修改。

3. 村民文化程度较低，思想转变缓慢以及利己主义，难以有效自治

调研时发现，村民仅在开会或办事时才会去村委会，公示在墙上的各类自治制度形同"装饰"。文化程度低的村民选"当家人"时主要考虑候选人与自己家的人情关系如何，左邻右舍口中的"闲话"，至于当选的村干部工作能力和品德等才能是不关心的。另外，在村级事务的决策与管理上，大多数村民都抱着"事不关己"的态度，仅考虑自己的利益，如方家梁村在评议低保和驻村工作组慰问时，个别村民对慰问品的不同大闹村委会，以及由于猕猴桃种植园规划时的土地流转纠纷问题，增加村干部和扶贫工作的难度。

（二）影响因素

1. 地理区位条件和城镇化限制村庄多元化产业的扶植与发展，影响村经济的发展

农村经济水平是村民自治有效的根基，但由于山区地理条件的限制和交通成本增加，以及偏远山区人口少，市场需求小，阻碍了当地因地制宜发展经济产业，使得产业结构的多元化难以形成特色。因此，经济发展的滞后影响了村民参与自治的主动性与积极性，也使得欠发达地区乡村治理有效的难度增大。

2. 劳动力、技术性人才缺乏，使得乡村产业与村民自治缺乏活力

尽管扶贫政策与资金大量倾斜于欠发达地区，但缺乏内生性支柱产业推动村经济发展，村民们仍然将外出务工、经商视为致富的主要渠道，造成村庄青壮年劳动力和技术型人才缺乏。村民自治能力的缺失自然导致乡村治理的困境。

3. 文化程度较低、根深蒂固的小农思想和自利观念影响村民自治的有效实现

受社会历史文化影响，欠发达地区农村农民的小农思想仍然存在，认为农民就是"靠天吃饭"。但市场经济融入到农村地区，自私自利的利己主义亦渐渐融入了农民的思想中。在村庄事务管理中，仅考虑涉及自己的利益事务，难以沟通与调解，影响村务工作和村民自治制度的运行环境。

五、相关的（政策）建议

（一）鼓励和引导村民因地制宜自主发展经济型产业

只有适合村庄实际和村民意愿的经济产业，才能推动村经济的发展。基层

政府与村两委要因地制宜地引导村民自主寻找和培育经济型产业，采取先试点后推广的培育模式，放宽村民自主发展产业的限制，并提供系列保障解决村民的后顾之忧。村经济发展好了，村民的获得感增强，村民自治的积极性和主动性也会增加，才能推动乡村治理的有效性。

（二）构建简易化、多元化的村民培训课程体系

建立和完善由政府指导、村两委筹办、其他行政部门联动的如农民夜校等教育体系和基础设施，支持和帮助村民提升自身文化程度，转变思想。定期或不定期组织村干部、村民学习法律法规、时势政策、村民自治制度以及农业常识与技术等常态化、规范化。

（三）鼓励村民参加村级事务管理，可建立"一日村主任"的常态机制

基层党组织、村党支部鼓励和引导村民参与村级事务工作，熟悉村事民事工作流程，提升村民参与民主决策、民主管理、民主监督的治理能力。

（四）推动村规民约通俗化、规范化，根据村庄实际建立村规民约修改常态机制

随着新事物的融入和村民生产、消费等生活观念的转变，乡村社会也变化迅速，村规民约的制定与落实也要适应乡村的变化，通俗易懂、科学规范、及时更新调整，才能推动形成良好的村风、民风，遵守乡村公序良俗，建设善治乡村。

六、项目（调研）的不足与局限

如何加强农村群众性自治组织建设，推动乡村治理重心下移，健全和创新村党组织领导的充满活力的村民自治机制的问题是当前研究的热点问题，也是实际工作中的难点问题。项目组利用寒假时间对四川省部分村民自治模范乡镇进行实地观察，不仅了解了西部欠发达农村地区村民对村民自治的认知现状以及村民自治中民主选举、管理、决策和监督的制度设立和运行机制等方面存在的主要问题，也得到了实际的锻炼，如团队领导、行程安排、人际交往及沟通技巧等实用能力，最重要的是真实地了解农村发展的实际情况，这对团队成员未来学习、就业和成长都有重要的影响，但整个调研过程还有许多不足的地方需要改进。

（一）调研行程安排太紧凑，调研成本较高

本次调研村落主要分布在四川东北部和南部，三地之间距离较远，由于未考虑到调研时间处于春运期间，车票紧张、人数较多、行程安排紧凑，造成调研成本较高。

（二）调研前准备不足，调研对象和调研地考虑不全面，时政关注度不高

调研前应对调研地有所了解，访谈提纲的设计和访谈对象的选择都应较为全面，同时也应关注调研期间的时政背景，如 2019 年中央一号文件的发布。

（三）调研资料的收集针对性不强，资料选取未仔细权衡

调研过程中除与村干部、村民进行个别访谈外，主要搜集有关村民自治的制度、会议记录、政策措施等文本资料，忽视了相关的数据信息。

总的来说，此次调研基本实现了了解村民对村民自治的认知现状，比较分析不同农村村民自治的情况和村民的认知与参与程度，探寻存在问题与影响因素的调研目的，对项目组成员将专业知识与实践相结合，把握新时代村民自治的现状，通过调查分析现实问题，增强自身对现实社会问题的思考应对能力，促进自身全面发展具有重要意义。

参考文献

[1] 李永萍，慈勤英．村民小组：乡村治理的最小单元 [J]．武汉大学学报（人文科学版），2017，70（05）：72—78．

[2] 晏俊杰．利益与规则：村民自治基本单元的行动基础 [J]．东南学术，2017（06）：51—56．

[3] 王可园．中国农村村民自治制度演进的逻辑和完善路径 [J]．学术交流，2018（01）：123—129．

[4] 黄璐．村民自治制度发展的未来展望 [J]．河北师范大学学报（哲学社会科学版），2013，36（02）：134—137．

[5] 战晓华，孙林．村民自治民主选举程序研究 [J]．农业经济，2010（04）：16—18．

[6] 黎莲芬．我国村民自治中的民主选举与现实 [J]．前沿，2011（12）：123—125．

[7] 刘行玉．宗族观念、选举程序与均势竞争：夏村村民选举观察与反思 [J]．中共福建省委党校学报，2015（04）．

［8］章荣君．实现村民自治中选举民主与协商民主协同治理的探究［J］．湖北社会科学，2016（10）：31—35.

［9］叶静怡，韩佳伟．征地、经济利益与村民自治参与——基于CFPS数据的实证研究［J］．东南学术，2018（03）：123—131.

［10］李黄骏，张桂琳．村民自治的问题背景及研究意义［J］．中国高校社会科学，2014（04）：144—150+160.

［11］王铭铭．村落视野中的文化与权力——闽台三村五论［M］．三联书店，1997：79—82.

［12］黄辉祥．村民自治的生长：国家建构与社会发育［D］．华中师范大学，2007.

［13］邓大才．村民自治有效实现的条件研究——从村民自治的社会基础视角来考察［J］．政治学研究，2014（06）：71—83.

［14］邓大才．利益相关：村民自治有效实现形式的产权基础［J］．华中师范大学学报（人文社会科学版），2014，53（04）：9—16

［15］梁航．村民自治的有效实现形式研究［D］．广西大学，2015.

［16］陈明，刘义强．"根"与"径"：重新认识村民自治［J］．探索，2017（06）.

［17］贺海仁．村民自治：中国民主政治实践的重要组成部分［J］．人民论坛，2013（26）.

［18］郎友兴．走向总体性治理：村政的现状与乡村治理的走向［J］．华中师范大学学报，2015（02）.

［19］卢福营．回归与拓展：新时代的村民自治发展［J］．天津社会科学，2018（05）：78—84.

附录　访谈提纲

一、村民对村民自治的认知情况

（1）民主选举

1. 您参加过选举吗？能讲述下您最近参加选举时的情形吗？您怎样看待村的选举？包括选举时间、地点、组织、方式、条件、程序、过程、结果等。

2. 请问您参加选举的目的是什么？选村干部？还是其他？您会选择什么样的人成为村里的"当家人"？选完之后有什么样的感受？

3. 您了解村里选举的相关法律规定吗？有贿选、漏选等违法行为吗？

4. 您认为什么样的村干部才是好干部？对村里选出的村干部有什么样的看法？他们做了哪些事让您和大家受益的？

5. 您是否参选过村干部？结果如何？

6. 您对村里选举有怎样的意见或建议？

（2）民主管理

1. 请问您对村里的大事务，如自来水、修路等发表过意见吗？村里采纳了吗？有什么样的结果？

2. 您了解村委会及村主任的工作吗？村里有公示吗？您怎样看待村务公开？

3. 除了村委会，您知道或者参加了村里其他的村民组织吗？包括生产协会等？

4. 请问您村里有德高望重的宗族能人或乡村贤能精英人士参与村务管理吗？他们为村级事务管理和乡村发展做过哪些事？

5. 您了解你们村的村干部有受贿等现象吗？村里是怎样处理的？

6. 您对村务管理和村务公开还有怎样的建议与意见？

（3）民主决策

1. 请问您参与决策过村里的哪些事务？当时是谁组织？怎么决策的？能介绍下当时决策过程和结果吗？

2. 您了解决定村里大小事的制度规定是什么吗？

3. 您觉得您在参与决定村里大事的自发性和主动性如何？遇到过哪些困难和问题？如何解决的？

（4）民主监督

1. 您知道您有监督村干部的权利吗？您怎样看待这项权利？村里有具体的监督制度吗？怎样监督？

2. 您行使过这项权利吗？能介绍下当时的过程和结果吗？

3. 村干部会不会接受你们的监督？行使权利无果怎么办？

4. 对村民管理和决策的监督，您认为还存在什么问题或困难？有怎样的建议？

二、村干部对村民自治的认知情况

（1）民主选举

1. 能介绍下你们村的选举情况吗？包括选举的时间、地点、组织、方式、条件、程序、过程、结果等。

2. 请问您能介绍下您当选的过程吗？

3. 您了解村委会选举的相关规定吗？您觉得村里选举的合规程度如何呢？

4. 您认为村里的选举还存在哪些实际问题需要解决？怎样解决？存在贿选、漏选等违法行为吗？

（2）民主管理

1. 请问您是村党支部或村委会成员吗？能介绍下您的职务吗？您的职务在村或乡镇政府中的具体规定是什么？

2. 请问您负责村里的哪些工作？您负责的工作有多少乡镇政府委托的任务，有多少是处理村里的事务？

3. 除了村委会，村里还有哪些村民组织，包括生产协会等？对于其他的村民组织村里是如何管理的？有具体的管理办法吗？

4. 请问你们村对村民管理与宣传动员是以怎样的形式进行的？如村民小组、生产队等。

5. 你们村村干部与村民的关系如何？在做村民工作时遇到过哪些困难？怎样解决的？

6. 您觉得你们村的村务公开做得如何？还存在哪些问题和不足？村民的反响如何？

7. 请问村里有德高望重的宗族能人或乡村贤能精英人士参与村务管理吗？他们为村级事务管理和乡村发展做过哪些事？在村民中的声望如何？对管理村有怎样的影响或存在哪些问题？

8. 对村级事务的管理与制度规定冲突或缺乏制度规定时，如何有效解决？

9. 能方便问下您的薪资酬劳吗？村里有村干部具体的薪资规定吗？

（3）民主决策

1. 请问村里的哪些事务需要进行民主决策？谁来决策？能举个实例介绍下决策的方式、过程和结果吗？

2. 村民能参与村事务的决策吗？通过哪些途径参与决策？相应的制度或法律规定是怎样的？

3. 您觉得村民在参与决定村里大小事务的自发性和主动性如何？遇到过哪些困难和问题？如何解决的？

4. 村里德高望重的宗族能人或乡村贤能精英人士在参与村务决策中起着怎样的作用？能举例介绍下吗？

5. 当对村里事务的决策存在分歧或冲突时，村里是如何解决的呢？

（4）民主监督

1. 作为村干部，请问您有监督的权利吗？监督谁，具体的监督机制是什么？

2. 村里谁负责监督工作？怎样监督？能举实例介绍下吗？

3. 您接受村民对您的监督吗？遇到故意刁难时，您会怎么做？

4. 对村民选举、管理和决策的监督，您认为还存在什么问题或困难？怎样改进？

拆迁安置老年居民休闲生活状况调查

——唐官小区为例

团队负责人：王慧（2017 级社会工作专业）　　　　　指导教师：张文华

团队成员：国明赓（2017 级社会工作专业）、闫新梓（2017 级社会工作专业）、李先红（2018 级社会工作专业专业）

一、项目背景

本项目是对拆迁安置老年居民休闲生活状况的调查研究。随着城市化的发展以及新城市的不断扩大，"城中村"严重制约着城市的可持续发展，阻碍了城市现代化的进程，改造城中村是势在必行的重大举措，各大城市也在探索适合自己城市发展的改造方案。随着"城中村"的改造，农村拆迁安置户成了城市中一批庞大的特殊群体。许多农村已经完成改造，在农村居民得到安置后，物质生活水平得到了提高，生活习惯和思想观念有了很大的改变，与之相对应的精神生活也开始引起了人们的重视，"休闲"在人们的生活中所占据的位置也越来越重要，尤其对于老年人来说，他们休闲时间越来越多，需要更多的娱乐基础设施和社区活动来丰富他们的生活，满足精神需求。

随着老年人的精神需求越来越大，再加之政府的支持，老年人的生活方式发生了很大的变化，生活越来越丰富。为了解现状，对此开展了对拆迁安置老年居民的休闲生活现状的调查和研究。

二、研究（或调研）方法

1. 文献研究法

文献研究法是本项目采用的主要方法之一，通过查阅期刊、文书档案、书籍、报纸，利用互联网收集和整理有关拆迁安置老年居民休闲生活状况的研究，拓宽视野，确定自己的研究思路。

2. 调查研究

运用调查研究中的参与式观察，项目成员深入社区，在共同参与中进一步了解拆迁安置老年居民休闲生活的状况。

3. 问卷法

由于绝大部分的社区老年居民不能熟练地使用手机，所以调查者采用线下问卷调查的方式。该调研方法回收率较高，在较短的时间内收集到有价值的信息和数据，并且可以直接为老年居民解释他们有疑问的问题。

4. 无结构式访谈法

本研究通过访谈法对所选社区 5 位拆迁安置老年居民进行面对面的访谈，深入了解安置老年居民休闲生活现状，以此深入了解影响安置老年居民休闲生活质量的因素，提出切实可行的建议，从而提高安置老年居民的生活质量，增强他们的幸福感。

三、项目的主要内容

（一）调研的主要数据资料

1. 调查问卷的数据资料分析

采用线下问卷调查的方式，共收回了 20 份有效问卷，现将所得的数据资料进行分析。

（1）安置老年居民的基本情况

通过对性别、年纪、文化程度及身体状况进行频数分析，从而了解样本的基本情况分布。

①性别的频数分析

表 7 男女性别分布

		次数	百分比	有效的百分比
有效	男	8	40.0	40.0
	女	12	60.0	60.0
	总计	20	100.0	100.0

由表 7 可知，样本中共有 8 名男性，12 名女性，男女比例分别为 40% 和 60%，男性少于女性。项目成员在所调查的拆迁安置社区里碰到的老奶奶较多，多数老奶奶在社区里看孙子孙女，老爷爷在社区里下象棋、打扑克。

②年龄的频数分析

表 8　年龄分布

		次数	百分比	有效的百分比
有效	50—60 岁	3	15.0	15.0
	60—70 岁	12	60.0	60.0
	70 岁以上	5	25.0	25.0
	总计	20	100.0	100.0

由表 8 可知，50—60 岁的共有 3 人，占比 15%；60—70 岁的共有 12 人，占比 60%；70 岁以上的共有 5 人，占比 25%。所以，60—70 岁的老年居民占大多数，此年龄段的老年人身体较健康，腿脚较灵活，休闲时间较多，是社区活动老年人群中主要的参与者。

③文化程度的频数分析

表 9　文化程度分布

		次数	百分比	有效的百分比
有效	没上过学	6	30.0	30.0
	小学	7	35.0	35.0
	初中	3	15.0	15.0
	高中	2	10.0	10.0
	高中以上	2	10.0	10.0
	总计	20	100.0	100.0

由表 9 可知，没上过学有 6 人，占比 30%，上过小学的有 7 人，占比 35%，这两个共占了总人数的 65%；其他的文化程度占比 35%，其中，初中 3 人，高中 2 人，高中以上 2 人。因此，该拆迁安置小区的老年居民文化程度较低。

④身体状况的频数分析

表 10　身体状况分布

		次数	百分比	有效的百分比
有效	很好	4	20.0	20.0
	好	9	45.0	45.0
	一般	5	25.0	25.0
	不太好	2	10.0	10.0
	总计	20	100.0	100.0

由表 10 可知，该社区老年居民的身体状况总体较好，其中，身体"很好"和"好"的居民共有 13 人，占比 65%；身体状况一般的有 5 人，占比 25%；身体不太好的有 2 人。

⑤参与社区活动的频数分析

表 11　参与社区活动分布

		次数	百分比	有效的百分比
有效	经常参加	8	40.0	40.0
	偶尔参加	10	50.0	50.0
	从不参加	2	10.0	10.0
	总计	20	100.0	100.0

由表 11 可知，该社区老年居民参与社区活动的积极性有待提高，其中，经常参加社区活动的共有 8 人，占比 40%；偶尔参加的有 10 人，占比 50%；从来没有参加社区活动的有 2 人。因此，总体来看，社区老年居民参与社区活动的积极性并不是很高，热情不是很高涨。

（二）拆迁安置老年居民休闲生活基本情况

①拆迁安置前的休闲生活支配方式的频数分布

表 12　拆迁安置前的休闲生活支配方式分布

		次数	百分比	有效的百分比
有效	爬山	3	6.4	6.4
	钓鱼	4	8.5	8.5
	唱歌、跳舞	6	12.8	12.8
	体育健身	2	4.3	4.3
	看电视	10	21.3	21.3
	看报纸、杂志	6	12.8	12.8
	上网	2	4.3	4.3
	玩乐器	2	4.3	4.3
	听收音机	12	25.5	25.5
	其他	0	0	0
	总计	47	100.0	100.0

由表 12 可知，该社区老年居民在拆迁安置之前的休闲生活主要以看电视、看报纸杂志和听收音机为主，活动场所主要在家里，更多的是室内休闲，较少的居民会体育健身、上网和玩乐器等，甚至连外出旅游都没有，休闲生活较单一，这表明该社区居民对体育运动不重视。在访谈中也了解到，之前老年人居住的村子设有广场，广场内建有篮球架，双杠等，没有其他的体育器械，所以拆迁安置之前的社区缺少健全的运动设施。

②拆迁安置后的休闲生活支配方式的频数分布

表 13　拆迁安置后的休闲生活支配方式分布

		次数	百分比	有效的百分比
有效	爬山	5	6.3	6.3
	钓鱼	6	7.5	7.5
	唱歌、跳舞	8	10	10
	体育健身	5	6.25	6.25
	看电视	10	12.5	12.5
	看报纸、杂志	6	7.5	7.5
	上网	5	6.25	6.25
	玩乐器	2	2.5	2.5
	听收音机	12	15	15
	参加社区休闲活动	18	22.5	22.5
	其他	3	3.75	3.75
	总计	80	100.0	100.0

由表 13 可知，拆迁安置后老年居民在休闲生活中主要参加社区活动、听收音机、看电视和唱歌跳舞，较拆迁安置前，在爬山、钓鱼、唱歌跳舞、体育健身、参加社区活动以及"其他"方面人数有所增加，其中，参加社区休闲活动排第一位，经过访谈了解到，"其他"方面主要指有的老年居民会外出旅游、上老年大学等，在家中度过休闲时间的人数也减少了。总之，拆迁安置后老年居民的休闲生活较拆迁安置前变得丰富了，类型更多了。

③去老年活动中心时间的频数分布

表14 参与社区活动分布

		次数	百分比	有效的百分比
有效	较多	6	30.0	30.0
	一般	10	50.0	50.0
	很少	4	20.0	20.0
	从不	0	0.0	0.0
	总计	20	100.0	100.0

由表14可知，较多参与社区活动的有6人，占比30%，一般情况的有10人，占比50%，很少参与的有4人，占比20%；因此，该社区的老年居民参与社区活动的总体情况较好，但积极性还有待提高，通过数据可以看出，较多参与社区活动的居民仅占比30%。

④一周可支配的休闲时间的频数分布

表15 一周可支配的休闲时间分布

		次数	百分比	有效的百分比
有效	10—12个小时	2	10.0	10.0
	12—14个小时	4	20.0	20.0
	14—16个小时	8	40.0	40.0
	16个小时以上	6	30.0	30.0
	总计	20	100.0	100.0

由表15可知，一周可支配的休闲时间为10—12个小时的有2人，占比10%；可支配时间有12—14个小时的有4人，占比20%；14—16个小时的有8人，占比40%；16个小时以上的有6人，占比30%。综上，该社区老年居民一周可支配的休闲时间较多。

⑤对休闲时间有无计划的频数分布

表16　休闲时间做计划分布

		次数	百分比	有效的百分比
有效	经常做计划并根据计划安排事情	4	20.0	20.0
	一开始有计划但没按计划安排	3	15.0	15.0
	偶尔计划并按照计划安排	6	30.0	30.0
	没有计划想干什么就干什么	7	35.0	35.0
	总计	20	100.0	100.0

由表16可知，经常做计划并根据计划安排事情的有4名，仅仅占比20%，说明该社区老年居民不重视对休闲时间的合理安排和计划。

⑥休闲时间利用是否合理的频数分布

表17　休闲时间利用是否合理分布

		次数	百分比	有效的百分比
有效	非常合理	3	15.0	15.0
	合理	5	25.0	25.0
	不太合理	12	60.0	60.0
	总计	20	100.0	100.0

由表17可知，该社区的老年居民认为自己的休闲时间安排得非常合理的有3人，仅占15%；认为合理的有5人，也仅仅占了25%；认为不太合理的有12人，占了总人数的60%。因此，大部分的老年居民对休闲时间的安排还不太合理。

⑦对社区的休闲设施是否满意的频数分布

表18　休闲设施是否满意分布

		次数	百分比	有效的百分比
有效	满意	5	25.0	25.0
	较满意	8	40.0	40.0
	一般	5	25.0	25.0
	不满意	2	10.0	10.0
	总计	20	100.0	100.0

由表 18 可知，总体上该社区的老年居民对休闲设施还较满意，"满意"和"较满意"占总人数的 65%。

⑧休闲生活存在的问题的频数分布

经过访谈了解到，部分老年居民觉得社区的娱乐设施还不够完善，不能为大家提供足够的娱乐场所；还有居民感觉社区开展的活动较少，一来不能丰富老年居民的生活，二来也会影响他们对社区的归属感；少数居民反映休闲方式过于单调和随意。由于社区休闲产品较少，种类单调，导致老年居民拥有过剩的休闲时间却只能以简单的方式打发，根据上述问题得到的结果可知，虽参加社区休闲活动、体育健身等方式的人数增加，但室内简单休闲的老年居民仍占很大的比重，枯燥乏味。

2. 访谈提纲的数据资料分析

①据了解，唐官小区已拆迁近十年，安置后的生活虽与之前的生活大有不同，但老年居民已渐渐习惯了社区的生活。

②说起拆迁前的日子，淳朴闲适的田园时光，和和睦睦的街坊邻居，夏日一起在院子里乘凉，冬日一起围着炉子取暖，没事的时候喜欢几个人凑一桌打打扑克，下下象棋，在家看电视、听收音机放松一下，偶尔去跳跳广场舞，老人们满是怀念。

③拆迁后，刚开始还不太习惯住楼房，以前出了院子就可以站在门口拉家长里短，现在得下楼去活动活动，住在低层的老人还方便，不用爬楼梯，对于住在较高楼层的老人来说，如果腿脚不太方便，着实有点困难，因此，爬楼梯成了阻碍老年居民下楼运动的一大障碍；加上拆迁后政府补贴给居民安置费，所以老年居民的生活比之前更富裕，休闲时间更多了，慢慢习惯后，除了看电视、听收音机、看报纸等室内休闲活动以外，老年居民经常会参加社区休闲活动，偶尔爬爬山、钓钓鱼，经济条件较好并且有精力的老年居民也会外出旅游。

④首先，在环境方面：在没有改造之前，村中人员复杂，流动人口较多，环境脏乱差；经过拆迁后，社区的环境有了较大的改善，居民有了干净舒适的生活，为老年居民安享晚年提供了条件；其次，在基础设施方面：根据访谈以及团队成员的观察，在改造后，人群更加集中，政府在社区附近大大地完善了基础设施，例如：医院、公交站、商场、饭店、广场、多功能活动室等，为老年居民提供了休闲娱乐的场所；最后，经济方面：拆迁后，政府给予居民安置费，较改造前，生活条件有了很大的提高，因此，老年居民有了更充足的资金和休闲时间。

⑤根据回答以及调查问卷的结果得知，大部分的老年居民喜欢参加社会活动，包括社区举办的休闲活动、老年旅游、志愿者等。

社区居委会开展过适合老年人的活动，不过不多，过年期间有老年人写对联的活动。

⑥据了解，大部分的老年居民身体状况良好，随着年龄的增长，老人们不会选择较剧烈的活动，练太极和跳广场舞正成为一种流行。

⑦在日常的休闲生活中，老年居民们感到很放松很愉悦，虽有时会累，但很快乐。

⑧大部分的老年居民希望自己的子女能多陪陪自己，聊聊天、爬爬山、短途旅行都是很好的选择，休闲时光可以用来增进与子女的感情。

⑨有些老年居民希望居委会可以组建老年艺术团，使有才艺的居民重拾青春的感觉，做到老有所用；有的居民希望居委会可以多组织听戏曲、看表演等活动，也有的居民希望居委会组织老年人绘画、书法、摄影、棋牌等比赛。

⑩据了解，总体上居民对社区的娱乐设施较为满意。但社区缺乏室内活动场所，例如可以下象棋、打牌、跳广场舞的场地。

3. 现状

根据调查问卷和无结构式访谈了解到，该拆迁安置小区的老年居民休闲生活较为单一，主要以看电视、读报纸、听收音机等室内娱乐活动为主，当社区偶尔开展休闲活动时，老人们才会去参与，而爬山、徒步、钓鱼、旅游等室外休闲活动还是较少进行的。因此，该社区拆迁安置后的老年居民的休闲生活现状还不够丰富，仍需政府和社区居委会协力改善。

4. 问题及原因分析

该社区虽已拆迁数十年，但老年居民根深蒂固的思想观念和生活习惯是很难改变的，所以，思想和习惯影响行为，目前的状况已成为问题，休闲生活单一，娱乐设施不够完善，经济条件受限、思想观念和生活习惯难以改变、老年居民的身体状况等都是很重要的原因。

四、主要的结论

通过此次项目的实施，团队成员发现原本想象中的"文化程度低、适应能力弱、生活习惯和思想观念很难改变"的拆迁老年人在拆迁后的休闲生活比改造前更多姿多彩，老奶奶经常跳广场舞、老爷爷经常打牌下棋练太极拳来锻炼身体和丰富生活。并且所在的调研社区会为老年居民开展娱乐活动，基础设施较完善，在广场及在楼下安置了石桌石凳、健身器材等。但是，该社区老年人休闲生活状况存在的问题也不容小觑，比如老年居民休闲生活质量偏低、娱乐活动方式单一、休闲生活空间狭小、缺少室内娱乐场所、居委会开展的娱乐活动较少等。因此，拆迁安置老年居民要改变自己传统的思想，重视休闲生活，丰富精神世界，提高生活质量；政府和社区居委会要完善基础设施，大力开展适合老年居民的活动，提高老年居民的幸福感和对社区的归属感。

五、相关的（政策）建议

休闲娱乐是人们放松身心、生命保健的一种活动，它可以使人们的心灵更加安顿，使人们有所寄托，有所归依。健康良好的娱乐休闲方式能够调节人们的心理和生理机能，使人们感受到生活的美好，促进人们愉快健康地发展。

针对存在的困境和问题，结合济南市历城区政府的政策及唐官小区拆迁安置老年居民的具体需求和意愿，我们提出了以下的解决方法和建议：

（一）宣传新思想、新观念，改变旧思想、旧观念，新旧结合

观念是引领人们思想和行为的主要动力，拆迁安置老年居民的生活环境和自身认识决定了他们思想观念的相对落后。随着时代不断地变化，社会的日新月异，观念的自由迸发，导致了拆迁安置老年居民的思想观念不断落后于时代的发展，满足不了社会的要求，逐渐与社会脱轨。随着思想观念的变化，越来越多科学的、健康的休闲娱乐方式应运而生，而由于老年人观念跟不上时代的变化，他们无法理解现代化的休闲娱乐方式，渐渐地他们宁愿选择在家里待着，也不愿去尝试了解新的休闲娱乐的方式。所以我们应该加强新思想、新观念的宣传和普及，渐渐地增强拆迁安置老年居民对现代休闲娱乐方式的认同感，慢慢地让他们来接受现代化的娱乐休闲方式，同时我们也应当加强现代休闲方式和传统休闲方式的联系，兼容并蓄，新旧结合，丰富拆迁安置老年居民的休闲娱乐生活。

（二）发挥互联网作用，提高自身素质（互联网+休闲）

我们充分发挥互联网的作用，向拆迁安置老年居民宣传和普及网络休闲方式，通过网上了解资讯，网课学习等，不断提高自身素质，丰富闲暇时间，提高自身品位，达到生活学习两不误的效果。

（三）充分利用资源，促进和谐发展（志愿者+拆迁安置老年居民）

在 2019 年的全国两会期间，习近平总书记强调"一切成就都归功于人民，一切荣耀都属于人民"，要切实关注人民的生活，不断丰富人民的精神生活。从这个角度出发，我们全社会都应该关注拆迁安置老年居民的休闲问题，共同丰富拆迁安置老年居民休闲娱乐的方式和方法。无论是拆迁安置住宅区周边的学校还是社会机构，都应当充分发挥自身的作用，利用专业的学生、社工和志愿者等定期开展高质量、高水平的娱乐休闲活动，提升拆迁安置老年居民休闲

娱乐活动的水平。同时应当开放机构及学校相关区域，帮助拆迁安置老年居民更好地进行休闲娱乐活动，提高他们的生活水平。

（四）政府加强引导，发挥引领作用（政府+拆迁安置老年居民）

政府作为社会服务的主体，应该充分了解拆迁安置老年居民心理和需求，做好具体工作。首先，政府应该在拆迁安置住宅区附近建设一系列的娱乐活动场所，丰富完善原有的娱乐活动场所；其次，培养和宣传正能量、高品位的休闲娱乐活动，挖掘本地居民的特色，发展大家所喜闻乐见的娱乐活动，形成属于本地居民自己所独有的一种文化品牌；最后，政府应该加大力度扶持本地相关公益事业和公益活动的发展，开发合适的休闲产品。

六、项目（调研）的不足与局限

首先，我们对于拆迁安置老年居民之前生活的环境状况了解不多，很难从环境的角度更加深入地分析拆迁安置老年居民的思想观念和行为方式；其次，由于我们的调查开展是在寒假期间，拆迁安置住宅区周围的一些学校都已经关闭，我们无法了解到学校层面对于拆迁安置老年居民休闲生活的看法和态度；最后，我们的调查对象仅以唐官小区的居民为主，代表性和普适性不高。

心理社会发展视角下隔代抚养对农村中老年女性身心健康影响的研究

——以聊城市焦庄村为例

团队负责人：焦芸菲（2018 级社会工作专业）　　　　指导教师：斯满红

团队成员：周腾（2017 级社会工作专业）、杜超（2018 级旅游管理专业）、刘政昇（会计学院 2016 级审计学）、张居亚（2018 级电子信息工程专业）、孙培颖（2018 级计算机与科学专业）

一、项目背景

隔代抚养是近年出现的社会现象，是指父母不在身边的孩子由祖辈进行抚养。这一现象具体分很多种类，有偶尔协助子女照料、仅进行工作日照料，另外随着经济的快速发展和城镇化的不断加快，城市大量的就业机会和远高于务农的劳动报酬吸引着大批农村青壮年剩余劳动力选择进城务工。由于父辈的常年在外，导致家庭结构随之发生改变，甚至在中国大部分农村出现完全由祖辈照顾孙辈的隔代抚养家庭。

在国内外学者研究隔代抚养这一话题的背景下，其调查内容涉及对中老年身心健康及对儿童心理健康影响的研究。但对于女性这一个群体没有单独地进行研究，缺少女性这一主体的主观经验。在此背景下，团队展开隔代抚养对中老年女性的身心健康的影响社会调查，本文主要关注隔代抚养下对中老年妇女产生的消极影响以及为接下来如何开展相关农村社会工作服务提供建议。

二、研究（或调研）方法

（一）收集资料的方法

1. 问卷调查法

问卷调查法属于定量研究，是目前国内外社会调查中较为普遍使用的一种研究方法。主要通过设计为统计和调查所用，以设问的方式表述问题的表格，也就是问卷。对所研究的问题进行度量，从而搜集到准确的数据资料。本次社会调查采用将问卷法与无结构访谈相结合，线上设计与线下操作相结合。考虑到调查对象的年龄、身体状况以及文化水平，由调查员将设计好的电子问卷向被调查者询问填写。

2. 无结构访谈法

无结构访谈法，又称深度访谈或自由访谈，它与结构式访谈相反，并不依据事先设计的问卷和固定的程序，而是只有一个访谈的主题，由访谈员与被访者围绕这个主题或范围进行比较自由的交谈。无结构访谈一方面配合问卷调查收集数据，另一方面扩展资料收集的广度和深度，增加信息量。本次社会调查采用无结构访谈法，根据所列访谈提纲，通过记录被访者的回答内容及抒发的内心想法进行深度分析。

（二）分析资料的方法

1. 文献研究法

文献研究法主要指搜集、鉴别、整理文献，并通过对文献的研究形成对事实的科学认识的方法。文献法是一种古老而又富有生命力的科学研究方法。本次社会实践通过图书馆、线下书店、网络论坛、中国知网等各种渠道，认真收集国内外有关隔代抚养的各种文献资料，综合了解国内外有关隔代抚养的研究成果。

2. 内容分析法

内容分析法是一种对于传播内容进行客观、系统和定量的描述的研究方法。其实质是对传播内容所含信息量及其变化的分析，即由表征的有意义的词句推断出准确意义的过程。通过对被访者的语言记录，它是保证谈话内容分析结果可靠性、客观性的重要指标。

3. 个案研究法

个案研究法也称个案调查法。对某一特定个体、单位、现象或主题的研究。本次以鲁西北焦庄村隔代抚养现状为个案展开研究。广泛收集有关资料，详细了解、整理和分析隔代抚养现象产生与发展的过程、内在与外在因素及其相互关系，以形成对有关问题深入全面的认识和结论。

三、项目的主要内容

（一）主要数据资料

本次社会实践以山东省鲁西北的一个村庄——焦庄为个案开展研究。通过对焦庄村内符合条件的 60 名村民（即年龄 40 岁至 60 岁的女性村民）进行问卷调查所得数据如下：随机被调查的 60 名村民中选取有孙辈或正在照护孙辈的村民 36 人，（外）祖母的平均年龄为 51 岁，最大 95 岁，最小 42 岁。身体状况较好及以上的占到 60%左右，文化水平大多中小学学历，小学文化水平的占到 44%。在所调查的村民中家庭经济条件绝大部分为一般家庭，经济困难家庭仅占到被调查对象的 5%。在参与照护孙辈的被调查者中，与孙辈关系和谐的占到 72%以上，因照料孙辈 61%的中老年女性偶尔感到有压力，而完全感到压力的比例仅为 11%。

表 19　参与隔代抚养村民统计表

选项	频数	百分比
是	36	61.11%
否	24	38.89%
总计	60	100%

中老年村民在隔代抚养过程中扮演协助者角色的占到 50%左右，仅有 5%的村民完全照料孙辈的日常生活。在照护孙辈的投入精力中，女性村民自己主观承认相比于男性村民投入力度较大，占到 83%左右。

表 20　照顾孙辈主要方式统计表

照料方式	频数	百分比
完全照料孙辈的日常生活	2	5.56%
仅进行工作日照料	6	16.67%
偶尔协助子女照料孙辈	18	50%
基本不照料	10	27.78%
总计	36	100%

因为照护孙辈的需要，使得 5.56%的被调查者总是没有充足的休息时间，更不要提休闲娱乐的时间。隔代抚养中，中老年村民照护孙辈感觉生活更有奔头，生活方式没有影响以及更加积极乐观的村民占到被调查者总数的 80%，只有 16%左右的村民认为生活质量变差。在照料孙辈过程中，认为影响中老年村民社交关系以及社会互动的村民占到 55%以上。认为照护孙辈影响到与其他家庭成员关系的村民占到 27%左右，大部分村民认为照护孙辈很少影响甚至并没有影响到与其他家庭成员的关系。

在调查过程中，我们发现有 66%的村民认为照护孙辈丰富了他们的生活，有利于自我价值的实现，在一定程度上减轻了子女的负担。大部分老年人并不是为了贪图物质上的回报而照料孙辈，主要原因在于：一是出于亲情，减轻子女的负担；二是出于血缘关系，对孙辈表现出"隔辈亲"；三是增添自我乐趣，使老年生活不再空虚；四是出于家庭责任，农村老年人会尽可能地帮助自己的下一代，照料第三代也成为他们义不容辞的责任。

一些中老年女性反映由于年龄代沟差异，在照护孙辈的理念和方式上可能会与子女发生冲突，尤其是婆媳冲突，这也是导致在隔代抚养中产生不愉快情绪的最主要因素，在被调查者中这一因素占到61%。

表 21 产生负面情绪的主要因素统计表

主要因素	小计	百分比
孙辈自身调皮	6	16.67%
与子女意见不同	22	61.11%
与其他家庭成员关系疏远	2	5.56%
生活琐事	6	16.67%
其他	0	0%
总计	36	100%

在照护孩子过程中对于照护者产生的消极影响主要有：一是照护者的可自由支配时间减少，文化娱乐活动不能参与；二是精神压力增大，在子女家中倍感束缚。而在经济压力和家庭关系紧张方面，被调查者仅占10%左右。

表 22 产生的消极影响统计表

消极影响	小计	比例
自由时间少，时间压力大	20	55.56%
冷落其他家人，家庭关系紧张	2	5.56%
心理压力大，在子女家感觉受拘束	18	50%
经济压力大，减少经济收入	2	5.56%
其他	2	5.56%
总计	36	100%

（二）发现问题

1. 中年妇女即年龄60岁以下的进行隔代抚养的女性说自己多出于利他主义，更多的是想减轻儿女的负担；60岁以上的女性，在访谈中更多提到自己的养老，两者最想得到的却都是孙辈及儿女对自己的情感。他们当中尤其是父系父母甚至有的身体抱病也要替子女照顾孙辈。

访谈对象 1："现在生活条件好了，也不指着孩子们能多出息，过好他们的日子就行了。"

访谈对象 2："想孩子们也没办法，他们忙也没空回来，但也孝顺经常往家里寄钱，年纪大了，药没停过，我都攒着呢以防自己急用，也想让他们多给自己的下一代积累点财富。"

这是一位 60 岁老人的陈述。

2. 在儿女家感觉受拘束，是所列消极影响中占比较大的。这些中老年女性自己没有足够自由的时间，但当我们假设儿女下班回家自己的时间是自由的，可以选择在家里与儿女聊天放松，可以户外活动，她们多数选择自己户外活动。在调查中，如果中老年女性决定自己在家抚养还是进城去儿女家抚养孙辈，希望在家抚养孙辈的中年妇女比在儿女家抚养孙辈的中老年妇女数量多。在访谈中我们提问，经过记录这些被访者的意愿，统计如下表

表 23　抚养类型统计图

抚养类型	人数	比例
在家抚养	30	83.33%
进城抚养	6	16.67%
总计	36	100%

3. 接受调查的多为家庭条件一般的中老年妇女，身体条件一般，多是慢性病，而儿女提供的经济支持越多这些中老年妇女的消极情绪越少，最近得过的疾病也越少。

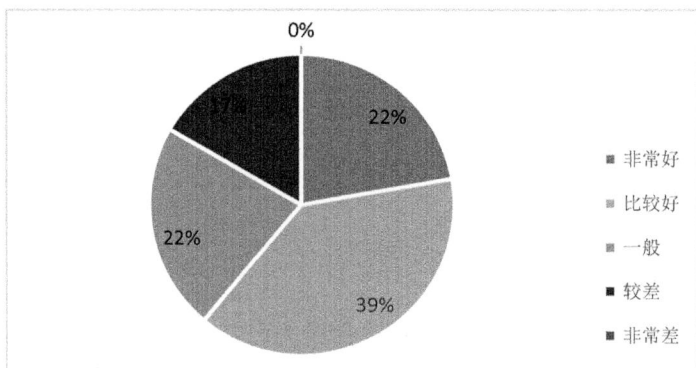

图 4　进行隔代抚养的中老年妇女的身体状况

（三）原因分析

1. 面对第一个问题，原因分析：一是参与照料孩子的母系父母和父系父母的心态不同。以下列举被访者的谈话内容：

访谈对象1："俺也有儿子，就图让女儿别耽误上班，别那么累，能帮就帮。"这是一位外婆身份的中年人所说内容。

访谈对象2："指着俺儿呢，不给他看孩子怎么办，老了谁管啊？""现在我们这个岁数谁不看孩子啊，都是这么过来的。"这些是一位50岁左右的奶奶所说。在这些进行抚养孙辈的女性中，即使父系父母身体抱病，奶奶觉得照料孙辈也是应当的，而如果是外婆则觉得自己是协助子女的角色。

二是在我国传统文化观念影响下，祖辈普遍将代替子女照顾孩子视为自己应尽责任义务，有些女性说不照顾孩子会被村里人看见说闲话，也会被自己的儿女说闲话。

访谈对象1："将来还不知道时代发展成什么样，养老问题说不定不用自己出钱国家就给解决了。"

访谈对象2："整天玩光等着子女给点补贴，邻居看见不让人笑话吗？"这些都是中年女性的内心陈述。

三是传统观念上的"儿子偏好"一直影响着农村人的思想，"儿子偏好"对中国农村老年人心理的满足有着很大影响。很多老年人想把更多的财产留给属于自己家族的下一代，于是便顺理成章地担负起照料第三代的责任；另外照顾儿子的下一代可以获得儿媳妇更多的经济回报及其他方面的支持。不同年龄问题产生的原因可以用埃里克森的心理社会发展理论来解释，人的年龄段不同所面临及解决的矛盾不同。一方面这与中国的社会习俗鼓励老人从事生产劳动、不依赖他人相一致；另一方面她们认为自己还有积蓄，对于儿女提供的养老问题可能考虑较少。然而，虽然帮助子女（孙子女）是实现积极晚年愿望的途径，但老年人可能会面临退休、丧偶等重大变故，尤其是年纪太大丧失劳动能力的女性因此心理健康较为受影响，心理健康波动大，而照料孙辈可以转移他们的注意力，有利于度过这些危机，另外此时儿女的陪伴和关心是重要的。

2. 针对第二个问题原因分析：

访谈对象1："我自己出去遛弯更好，看不见小孩们我更不生气。"

访谈对象2："自己出去好，整天在家憋得慌，再说跟孩子们也没有什么共同语言。""平常出不去啊，我们这个年龄的希望能有个说话的伴。"

一是农村户外活动本身较少，更多中老年女性来到城市缺乏常识，渴望觉得一个好友进行日常的外出活动；二是中老年女性看孩子尤其是一周岁以内的孩子还不会走路，更多的时间是在家看孩子，外出需要她们抱着，即使带孩子外出也只局限于小区附近，以遛弯为主，所以希望有自由的时间去丰富自己的生活；三是代际因素，两代人存在代沟，在交流话题以及价值观方面不同，中老年女性自己选择外出活动可以避免与自己儿女的争吵，减少矛盾的发生。

由于自己在儿女家的自由时间受限，活动的场地有限，城市的小区邻居之间关系淡漠。但如果在家里抚养，更多的时间可以在乡村的大街上看孩子，与村里的街坊邻居拉家长里短；二是（外）祖母的身份对孩子更多的是"重养轻教"的教养方式，与儿女的"重教轻养"教育方式不同，产生的矛盾会更多，而在家可以减少这种情况的发生；其次我们发现很重要的一个原因是由于夫妻中一方进城照顾孩子意味着留乡的一方相当长时间的处于孤独无靠的境地，长时间会影响夫妻之间的关系以及与其他子女之间的关系。

访谈对象 1："*孩子他爸一人在家也不容易，我给孩子看孩子也不能照顾他。*"

访谈对象 2："*有一个孩子还好说，我有好几个儿女，不给谁看孩子都得闹别扭。*"

3. 经济支持成为很多农村中老年女性所谈到的热门话题，照顾孙辈难免会从自己的积蓄中贴补，中年女性自己本身就是劳动力，可以在市场上找到一份自己的工作，而照顾孙辈则阻碍了经济收入，内心的不平衡感加重，此时儿女补贴家中开销会适当地缓解消极情绪。农村老年女性几乎没有退休金，更承受不起家中多几个孩子的开销。不管是进城带孩子还是在家中抚养，儿女的补贴对这些收入预期较差的农村女性都是心理上的安慰。

四、主要的结论

（一）成年子女对老年人的回报有利于老年人的心理健康。

经过调查，经济支持和情感支持对女性老人的心理健康变动有显著影响，说明当子女对女性老人提供的经济支持或情感支持差异性更大，也就是女性老人得到一个或多个子女的经济支持或情感支持相对较少时，其心理健康状况变差。

经过访谈，中老年妇女"照顾孙辈如果能得到回报，您最想是什么"这一问题，更多中老年人选择的是其中某一种回报，什么不想得到的人数为零。许多被访者选择下一代人及孙辈对自己的情感接近 72%，选择金钱的比重占11%。绝大多数被访者相信，子女不可能将年老后的自己与老伴带在身边养老，现在带孩子就是图个当下的"交待"以及日后不确定的照应而已。由此看来，成年子女对老年人的回报也是提供孙子女照料在心理上有利于老年人的主要原因，若子女不能带来回报，对这些农村女性带来潜在的负面影响。

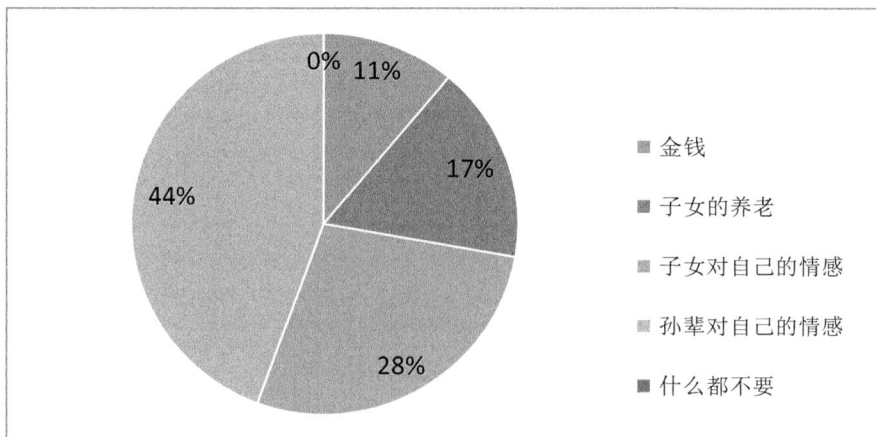

图 5　最想得到的回报统计图

（二）隔代抚养对于老年人是一把双刃剑，会造成积极的影响也会造成消极的影响。

积极方面可以促进家庭成员之间的感情，丰富自己的晚年生活，把看孩子也当成一种乐趣；其次受年龄因素影响中年人多面临事业、家庭方面的压力，照顾孙辈能转移自己的注意力，看到自己的下一代会更加有动力地工作，减少职业倦怠。积极方面不足以让中老年人度过心理发展上的危机，消极方面比如夫妻双方长时间分离，也会带来关系疏远的问题，依然会增加老年人慢性疾病以及制约老年人的自由活动。

（三）归属感缺失是中老年女性在隔代抚养中产生消极影响的重要原因。

很多老人不愿意进城照料孙辈，不愿意在家中与儿女聊天，并不是她们内心不想。这些被访者多数是与子女关系非常好或者比较好，所占比重接近72%，关系非常差的仅占5%。这种关系通过访谈内容展现出来的她们之间更像是客人，老人去子女家看孩子像是去做客。

"我是去我闺女家看孩子，但不敢乱说话怕惹她两口子吵架。给做啥饭就吃啥饭，不想给他们添麻烦。"这是一位中年女性所说。

虽然这些中老年女性在农村可能与子女的关系都很好，但一旦去了城里，跟现实的城乡差距无论是经济上，城市花销大，还是生活方式上她们都融入不进去。我们应尽可能地帮助老人获得归属感，来缓解她们内心的孤独。

五、相关的（政策）建议

（一）进行隔代抚养的中老年女性自身方面

中年人要学会量力而行，并恰如其分地评估自己的生理和心理承受能力，对照料孙辈所带给自己身体的变化要能够坦然接受，多体验家庭生活的乐趣。生活中的困扰也应及时和家人交流，争取他们的理解和支持。此外，遇到冲突、挫折和过度的精神压力时，要善于自我调节，保持心理平衡。

（二）社工机构方面

社工机构应倡导子女关心祖辈的生活起居与身心健康，帮助祖辈以"全人化"的角色融入新家庭。社工机构应帮助老人了解家庭人际关系与矛盾处理技巧，并倡导子女多关注老人的情绪变动，多采用交谈用言语的方式解决分歧，多理解、包容老人的生活习惯。通过以上的途径建立和睦的家庭关系，帮助老人获得归属感。

社工机构可组织免费身心健康讲座、咨询、体检，以此提高祖辈的健康意识，及时发现并处理病情，帮助老人理性应对心理压力、获得正向情绪。也可组织有关婴幼儿照料、护理及教育等方面知识的系列讲座，帮助老人了解科学育儿的系统知识，减少因育儿理念、方式的差异而造成的代际矛盾。

（三）家庭成员方面

事实表明，家人之间的相互关心和爱护，对人的心理健康十分重要。子女应尽量关注祖辈情绪，尽可能创造条件安排有需要的老人暂时返乡处理事务，减少其思乡情绪。子女应对老人所提供的孙辈照料存有感恩之心，给予其力所能及的代际支持，理解她们的生活方式，运用恰当的方式解决生活摩擦，多陪伴父母户外活动，在自己下班有能力的范围内增加其自由的时间。营造和谐的家庭氛围，给予自己的长辈尊重，增强其归属感，尤其是老年心理健康波动大，儿女的关心和爱护是重要的。

（四）社会组织方面

社会组织应多开展有关中老年人的丰富活动，对于进城照顾孙辈的老人，老家所在地乡镇、村委会及邻里应该对一方进城的祖辈家庭予以特别关照，尤其是给予留乡的年长独居、残疾、病患老人及其他需要特别关照的家庭成员以扶助。俗话说"家有一老如有一宝"，各社会组织应该积极响应国家的政策与号召，重视老年人的晚年生活，践行积极健康的老年生活观念，尽量避免老年人在抚养孙辈过程中的消极影响。

六、项目的不足与局限

（一）不足

本次社会实践虽然收获颇丰，无论从理论检验层面，还是从实践体验层面来讲，都使我们团队成员对社会实践有了新的认识，但是本次社会实践碍于某些条件限制，仍存在一些不足之处，如以下要点：

一是实践时间短暂。除去前期筹备时间，真正开展实地社会实践的时间仅不到一周，由于实践时间较短所收集的数据资料一方面是较少；另一方面信息真实度和有效度难以保证和检验。

二是调研对象数目较少。一方面本次社会实践仅选择了一个村庄作为实践个案，而且在选择标准上并没有设置过多的条件筛选，主要优势在于靠近实践团队成员家乡，能够快速到达时间地点开展调研，所以代表性可能不是很强；二是所选择的调查对象较少，从女性村民中找到了36名符合条件的村民作为访谈对象进行深入了解，由于时间、人数有限也会影响到调研结果的信度。

三是实践经验不足。参与本次社会实践的团队成员大多第一次参加，之前并没有经验的积累，在实施过程中主要是摸索进行，边开展实践，边总结经验，这样一来及影响了时间效率，又在一定程度上妨碍了实践效果。

（二）局限

在本次社会实践中我们也受到了一些条件的限制，比如：一是受到经费方面的限制，由于大学生没有工资收入，大部分资金需要家长赞助，学校预先发放的经费在实施中略显不足，主要用于交通和实践材料方面；二是受到团队成员自身能力的限制，虽然在学校中学到很多知识，但缺乏将理论知识转化为实际操作的能力，在开展过程中碰到很多"壁垒"，也是在不断跌倒中慢慢成长；三是受到调查地实际情况的限制，对于一些情况我们没有事先了解，可能在风土人情交流沟通方面遇到一些障碍，同时也多饶了很多弯路；四是社会工作专业的"社会研究方法"这门课程还没有精修，具体实践方法的科学性受限。希望以后我们能够不断总结经验、汲取教训，超越自我，不断成长。

参考文献

［1］张田，傅宏．隔代抚养关系中老年人的心理状态［J］．中国老年学杂志．2017（04）．

［2］唐晓菁．城市"隔代抚育"：制度安排与新生代父母的角色及情感限制［J］．河北学刊．2017（01）．

［3］黄国桂，杜鹏，陈功．隔代照料对于中国老年人健康的影响探析［J］．人口与发展．2016（06）．

［4］张琦妍，李丹．国内外隔代抚养之痛与对策分析［J］．外国中小学教育．2015（11）．

［5］宋璐，李亮，李树苗．照料孙子女对农村老年人认知功能的影响［J］．社会学研究．2013（06）．

［6］宋璐，李树苗，李亮．提供孙子女照料对农村老年人心理健康的影响研究［J］．人口与发展．2008（03）．

［7］赵梅，邓世英，郑日昌，周霞．从祖父母到代理双亲：当代西方关于祖父母角色的研究综述［J］．心理发展与教育．2004（04）．

［8］沈卫华．论祖孙关系在幼儿家庭教育中的作用［J］．湖州师范学院学报．2001（05）．

附件：调查问卷

隔代抚养对中老年女性身心健康的影响分析调查问卷

亲爱的中老年朋友：

您好！我们是进行暑期社会实践调研的学生，为了了解隔代抚养对中老年女性身心健康的影响状况，关怀更多的中老年人，使其有好的晚年生活，我们开展了这项调查。本调查不用填写姓名、电话，大约只会耽误您5分钟时间，请您根据自己的实际情况进行填写，我们将会对您的回答严格保密。感谢您对本次社会调查的大学生的支持。祝您生活愉快，家庭幸福！

——"骄阳筑心"实践团队

1. 您是否有孙子孙女或者外孙子外孙女？如有多个，请标明数量［单选题］*

〇有＿＿＿＿＿＿＿＿＿＿＿

○无

2. 您的年龄 ［填空题］ *

_____

3. 您的身体状况 ［单选题］ *

○非常好

○比较好

○一般

○较差

○非常差

4. 您的文化水平 ［单选题］ *

○大学及大学以上学历

○高中、中专

○初中

○小学及小学以下学历

5. 您的经济状况 ［单选题］ *

○宽裕

○比较宽裕

○一般

○比较困难

○困难

6. 您与子女的感情关系 ［单选题］ *

○非常好

○比较好

○一般

○比较差

○非常差

7. 您与孙辈的感情关系 ［单选题］ *

○非常好

○比较好

○一般

○比较差

○非常差

8. 您会因为照料孙辈而感到压力吗？ ［单选题］ *

○总是

○偶尔有

○没有

9. 您照顾孙辈的主要方式　　　［单选题］　*

○完全照料孙辈的日常生活

○仅进行工作日照料

○偶尔协助子女照料孙辈

○基本不照料

10. 您觉得照顾孙辈与自己丈夫相比谁付出的更多？　　　［单选题］　*

○配偶

○自己

11. 您会因为照料孙辈没有充足的休息时间吗？　　　［单选题］　*

○几乎没有

○偶尔有

○总是

12. 在照料孙辈的过程中，您的生活方式是否受到影响？　　　［单选题］　*

○有，生活方式更加积极

○有，生活方式变差

○几乎没有受到影响

13. 照料孙辈是否会影响您社交质量的提升？　　　［单选题］　*

○非常影响

○有一定影响

○基本没有影响

14. 照料孙辈是否影响到您与其他家庭成员的关系？　　　［单选题］　*

○几乎没有

○很少有

○一般

○经常

○总是

15. 照料孙辈对您丰富自己生活，实现自我价值是否有帮助？　［单选题］　*

○非常有利

○比较有利

○一般

○不太有利

○非常不利

16. 您照顾孙辈如果能得到回报，您最想是什么？　　　［单选题］　＊

○金钱

○子女的养老

○子女对自己的情感

○孙辈对自己的情感

17. 您认为导致您在照顾孩子过程中产生不愉快情绪的主要因素是什么呢？　　　［单选题］　＊

○孙辈自身调皮

○与子女意见不同

○与其他家庭成员关系疏远

○生活琐事

○其他＿＿＿＿＿＿＿＿

18. 您认为在照顾孩子过程中对您产生的主要消极影响是什么呢？

［多选题］　＊

□自由时间少，时间压力大

□冷落其他家人，家庭关系紧张

□心理压力大，在子女家感觉受拘束

□经济压力大，减少经济收入

□其他＿＿＿＿＿＿＿＿

19. 如果您来决定的话，您希望自己是进城照顾孙辈还是在家抚养？

［单选题］　＊

○进城抚养

○在家抚养

社会性别视角下的农村女性自杀问题研究

团队负责人：吕鹏飞（2018 级社会工作专业）　　　　　指导教师：温欣
团队成员：邬欣橄（2018 级社会工作专业）、肖嘉鑫（2018 级社会工作专业）赵玉娇（2018 级社会工作专业）、周晓宇（2018 级社会工作专业）、卢沛霖（2018 级公共事业管理专业）

一、项目目的

开展"农村社会性别视角下女性自杀问题"调研，正确剖析农村女性自杀的相关问题。通过了解农村女性当下的生活状况，探究农村自杀女性的心理状态及社会所给予他们的压力程度。从专业角度认识并深入挖掘造成农村女性现状的根本原因，寻找合理方法来减少和缓解相关问题的发展。探寻社会性别视角下农村现阶段的发展方向以及部分农村问题的相关解决方法。以如何增加农村居民的幸福感与公平意识观点为基点向外拓展延伸，目的为打开人民思维，进而转变对农村女性群体的原始看法。

二、项目内容

（一）项目背景

人口的流动使农村女性成为农村劳动、子女照料的主要承担者，对农村经济的振兴、儿童的成长和农村社区的治理具有重要的作用。调查显示，农民年均自杀率高达每 10 万人 37 例，女性自杀绝对人数是男性的 2.74 倍。因此，本项目从社会性别视域下，基于当代中国农村和社会现况，了解农村女性独特的生活境遇和生存策略，探究农村女性自杀问题的现状和干预策略，从而促进推动农村社区治理与乡村振兴。

（二）项目概述

在改革开放旗帜的引领下，我国农村迅速崛起。随着乡村振兴政策的实行，农村的经济水平获得较大的提高。在新的政策下，农村女性生活地位的改善情况尚不明确，且关于农村女性自杀问题的情况讨论相对较少。

开展针对"社会性别视角下女性自杀问题"现象的社会调查，根据调查结果分析造成"农村女性自杀"现象的根本原因，并制定相应的方案来应对社会性别视角下农村女性的发展情况。

（三）项目创新点

1. 学科专业性强。实地调查的是当前国家与人们普遍重视的农村地区，通过遵循社会工作的根本思想，且以其专业知识为结构支撑对问题进行分析。

2. 视角广泛新颖，层次深刻。关于农村女性自杀问题，从社会方面、家庭方面、女性群体方面三大方面结合实际情况，提出可行方案，为农村女性自杀问题的解决提出指导建议；通过暴露出的问题进行合理的分析，找寻农村地区存在的普遍性问题，进行进一步的分析与探讨，寻找合理的解决办法。完善农村建设体系。

3. 采取调查与访谈相结合的方式，深入农村内部，对农村女性问题进行全面深入的走访与探究，达到理论与实践相结合的目的，从而在根本上寻找到女性自杀问题的原因以及有效的解决办法。

（四）调研经历

1. 研究调研题目查阅相关文献，小组开展讨论，进行明确的分工。

2. 到达时间地点，进行调研前的材料准备，整理调研路线。

3. 调研开始之前，再次进行小组讨论，再次明确分工以及调研过程遇到问题的解决方案。

4. 根据调研路线，逐个地点进行深入细致访谈，了解当地的女性的真实情况与生活状态。

5. 进入当地的政府部门联系当地的相关管理人员，了解目前对农村女性的保护措施，以及了解当地女性是否有明确的自我防范意识。

6. 小组成员对已知数据进行归纳整理，深入开展综合分析，进行深入研究。再次展开讨论，明确调研过程中遇到的问题以及解决办法，总结当前农村女性遇到的问题以及造成农村女性自杀的原因。探讨农村女性遇到的问题，向当地政府以及相关机构提供合理的建议，减少或避免农村悲剧的发生。

三、项目方法

围绕社会性别视角下的农村女性自杀问题这一主题，本团队走访了济宁地区的农村进行调研，以深度访谈为主要形式从而进行到家走访方式，结合文献资料、实地调查，综合运用多种方法对农村女性自杀问题进行了分析研究，为当下农村女性自杀问题解决提出一些切实可行的建议。

（一）文献法

通过互联网、报纸、杂志等途径，查询并整理与本次调研相关的文献资料，为本次调研活动提供文献参考与知识储备。

（二）参与式观察法

团队成员深入农村，切实了解农村女性的生活背景展开调研。在调研的观察过程中，获取了大量有关农村女性生活的资料以及农村女性的生活现状。

（三）结构访谈法

团队成员在调研之前进行小组讨论，并制定出统一标准的访谈提纲与采访路线。随机选取访谈对象，进行结构式访谈，保证研究的客观性。

四、项目分析

（一）调研基本情况

本次调研深入了济宁市高新区某镇的多个村庄，收集并整理了多个村庄的真实案例，较为直观地了解了该镇农村女性的生活状态以及与女性自杀的相关信息。通过知情者，我们能够较为详细地了解到事件的起因、过程以及结果。本次调研，我们共访谈了 23 户家庭，并对当地主管妇女工作的妇联主任进行了访谈，自上而下和自下而上两个层面了解农村自杀问题。

（二）调研主要内容

"社会性别视角下的农村女性自杀问题研究"调研是山东青年政治学院政治与公共管理学院"农村问题调研"对深入济宁市高新区某镇多个村子进行的一次社会调研活动。调研由前期的准备工作到小组讨论以及开展调研总共历时 30 天左右。团队成员通过走访多家多户进行实地访谈。由社会性别视角为主题，针对当前的农村女性自杀问题，采访当地农村居民就周边是否存在自杀问题以及对自己所了解的自杀事件发生的时间、地点，事件主人公采取怎样的方式结束了自己的生命，并简述事件发生的过程；探讨造成这场悲剧的原因；死者自身家庭和邻里乡亲对这场悲剧有什么看法；造成悲剧对当事人的家庭其他成员产生的影响；从村镇发展的角度，认为有什么措施可以预防或减少农村女性自杀的现象等一系列问题进行深入探究。在采访过程中了解农村女性的生活现状与问题。

在调研过程中，了解农村女性是否受到歧视，是否存在对农村女性不公平的情况。通过对访谈结果的分析与整理，总结造成农村女性自杀的原因，以及相关的、可行的解决方法。

1. 自杀原因分析

通过调研我们了解到，造成农村女性自杀的原因已经不再是单纯的家庭矛盾这么简单。农村女性自杀的原因多元化，其中因为感情纠纷以及遭受家庭暴力而选择结束生命的女性占大多数。虽然在农村歧视女性的现象已经不再突出，但是这种现象还是存在于农村的多个方面。例如有些农村女孩明明可以继续完成学业，但很多农村家长认为女孩子不需要认真学习，早点去上班打工并且找个好人家嫁了就可以。这种思想在农村还是空前地严重，或许在该镇当中并没有因父母强性辍学的女性自杀，但是这却会埋下一个重大的隐患，或许在其他的地方，就有女性因为这种潜规则而选择结束自己的生命。

2. 制度保障缺失

在与妇联主任等相关部门负责人的访谈中，我们了解到农村女性自杀得到缓解的主要原因与女性的经济地位存在着直接的关系。随着女性获得越来越多的经济收入来源，其家庭地位和婆媳关系都有一定程度的改善。但是制度上，自上而下的对女性保护的宣传教育则处于缺失状态，对女性自杀问题关注不足。

当前的农村妇女生活水平以及物质条件获得很大水平的提高，女性在农村生产中已经占有相当大的比例，女性的作用越来越明显；绝大多数家庭的女性在工厂当中上班，将家里的孩子交给自己的公公婆婆看管，所以当前农村的婆媳关系也有较大改观。农村女性的受教育水平普遍偏低，包括本村在内的其他临近村子并没有做过相关女性保护的宣传与教育，更不用说是普及防范自杀的知识了（某村妇联主任）

五、项目结果

调研团队通过对村支部书记及其他村委会工作人员和部分村民进行面对面访谈得到相关资料，充分了解所调研村庄女性自杀问题的详细情况，成果如下：

（一）农村女性生活现状

1. 积极的变化

（1）农村社会公平性提高，性别歧视减少

通过对妇联主任的访谈以及村民提供的信息，我们了解到当前农村社会公平得到很大的提高，仅有 20% 左右的女性抱怨社会的不公。无论是知情者还是妇联主任都认为性别歧视并不是引起女性自杀的主要原因。

（2）农村女性的地位显著提高

当前农村女性的生活地位以及物质条件都得到了较大保障，从前出现过的歧视现象在农村已经很少再会出现，农村妇女逐渐获得农村生活中和其他成员同样重要的位置。

（3）农村生产结构的改变导致家庭纠纷减少

当前的农村生产结构改变，农村家庭中的老人在家帮助儿子或者女儿照看下一代，农村男性多外出打工，女性大多出去上班。农村三代人的日常接触并不多，并且家庭中易出现矛盾与冲突的个体接触时间明显减少，所以农村家庭矛盾减少。

（4）暂未发现因精神问题引发的悲剧

我们在对调研数据的统计时发现，在自杀的女性中，并没有发现有精神问题的案例，包括自杀者的身边也并无精神问题的人存在。这在以往的材料或者案例中，是一个很大的改善。

2. 仍存在的困境

（1）性别盲问题仍较为严重

基于农村长期重男轻女的思想在人们心中根深蒂固，虽说改革开放，人民思想基本解放，但仍存在性别盲问题。男女不平等化现象存在。一些偏远或文化较为落后地区，老辈思想潜移默化地影响当代人民的思想，性别盲者不在少数。

（2）农村文化水平相对较低

中国农村地区经济较为落后，生活压力较大，人们对文化意识相对前些年较为提高，但文化水平仍相对较低，这对于寻求男女平等等根本问题的开展产生了阻碍。

（二）农村女性自杀现状

1. 农村女性自杀的情况明显减少

通过深入农村的调查与访谈，我们了解到，近几年农村女性自杀的案例逐年减少，农村女性的生活地位得到了提高，在访谈过程中，我们大致得到了以下数据，可以提供相关参考。

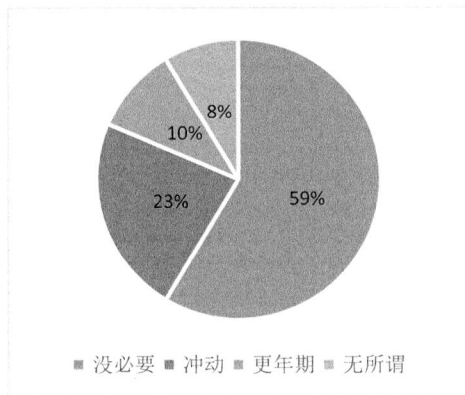

图6　农村对自杀问题的看法

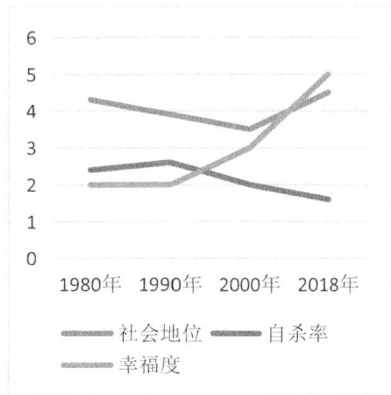

图7　农村女性自杀率相关图

2. 农村女性自杀方式

农村女性自杀方式多样，但是以农药为主的自杀方式占比极大，这让我们感受到农药的使用规范问题。根据我们的调研数据，农村女性自杀发生在这些自杀的女性中，感情纠纷约占80%，其他原因约占20%。自杀方式多为喝农药、上吊、跳楼、跳河、制造车祸等。

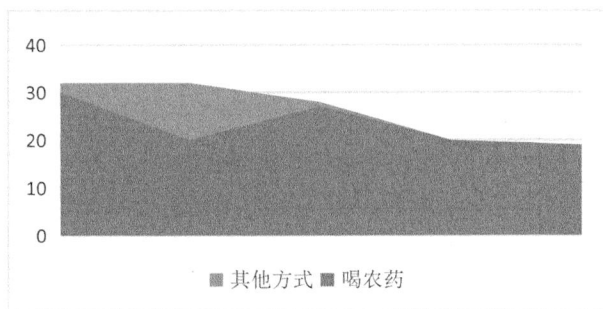

图8　农村女性自杀方式统计图

3. 对农村女性自杀问题方面可提供救助

（1）普及安全知识，增强农村女性对生命的珍视。

（2）政府部门或者社会组织加强对农村女性的保护。

（3）教授农村女性在身边女性出现自杀情况如何及时抢救的相关知识与

技能。

4. 自杀者的年龄结构

我们了解到,绝大部分的自杀者中为中年妇女,其他年龄的自杀者较少。

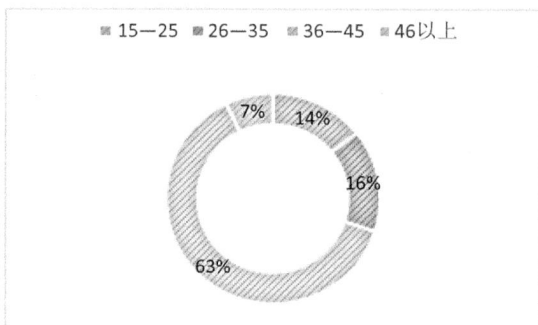

图 9　年龄结构

5. 相关部门和人群对女性自杀问题的态度

在我们的访谈过程中,大部分的访谈对象在谈及农村女性自杀案例的时候都觉得是惋惜。由上述(自杀者的年龄结构图)中我们可以看出,很多女性都是在黄金年龄自杀的,这是自杀者家庭的损失,也是社会的损失。

"可惜,可惜,太可惜了。不只是我,我们周围的人都觉得太可惜了,年纪轻轻人就没了。"(某知情者)

"自杀太没必要,据我所了解,现在自杀的人里面很多都是因为小事,根本上升不到把命搭进去。"(某妇联主任)

6. 感情纠纷成为现代女性自杀新的导火索

在我们的调研过程中,在已知详细的案例中,有接近 70% 左右的女性自杀是因为卷入了感情纠纷当中。"越轨行为"在新的农村发展中愈发严重。

(三) 农村女性自杀原因分析

1. 农村女性角色的期待

当前农村女性的角色发生了显著的改变,其中从生产劳动方面就可以看出,农村女性已经成为农村生产的主力军之一。农村女性现在不仅仅担负的是"相夫教子"的责任,在家中,他们既要做"贤妻良母"又要赚钱养家。随着产业结构的改变,她们现在生活压力要大于以往的农村女性。

所以农村女性希望获得更多的尊重与重视，因为她们扮演了生产者与消费者双重角色。

2. 农村女性社会支持薄弱

不仅是现在，就是几十年前的社会里，农村女性获得社会支持的程度较男性就相对比较薄弱。从当前就业单位在选择职员时优先考虑男性就可以看出，这种职场的性别差异还是非常明显的。农村女性的教育程度普遍偏低，加上自我意识欠缺，所以她们去主动争取社会支持的能力也是较弱的。无论是政府部门还是社会组织，能够深入农村对女性进行保护宣讲和支持的都很少，所以当前农村女性的社会支持还是较为薄弱的，需要我们通过深入的访谈，走近农村女性，寻找合适的途径，帮助农村女性增加社会支持。

六、结论与建议

（一）结论

1. 家庭婚姻问题

中国农村女性自杀的首要原因是家庭问题，其中夫妻感情不和占多数。农村中支撑家庭的妇女承担了生育、抚养、生产、奉养的重任，她们在各方面受挫的可能性很大。这就造就了妇女一旦遭受情感上的问题就很容易以极端的方式来解决问题。

2. 传统人格的缺陷

农村妇女受经济社会的影响，很容易习惯于依附家庭和家族尤其是男性，因此在人际关系复杂且人际结合度过于紧密的家庭中，各种家庭矛盾和纠纷势必成为中国女性高自杀率的家庭根源。

3. 农药的泛滥与公共卫生体系的缺损

在我国的农村中，农药的分布几乎遍布中国整个农村地区，各大商店、药店均可购买到高浓度的农药。在各种自杀的方法中，服用安眠药不太现实，因为安眠药的使用是严格受控制的。这使得农村女性转向购买方便快捷的农药，服用农药的痛苦程度要远远小于跳楼等方式。所以，这成为服农药为主要自杀手段的重要原因。乡村自杀死亡率高还可以归结为农村医疗救护条件的缺乏与落后，这使得一些可以被救治的自杀者错过了抢救的黄金时间。

4. "民工潮"及其家庭转移风险

农村妇女既要承担作为妻子和母亲的责任，还要承担本是夫妻双方共同承担的责任，如生产劳动、教育子女、赡养老人等。除了体力上的压力，她们还要承受巨大的感情上的、精神上的压力。留守妇女失去了传统的稳定的家庭生活，她们的生理及心理长期处于压抑状态。

（二）建议

1. 增设社会工作服务机构，通过社工的介入，解决家庭、感情等纠纷。妇联主任应发挥好相应职责，同妇女们经常进行交流，调查走访相关妇女的概况，及时对存在问题的妇女进行疏导，维护妇女的合法权益。

2. 开设相关心理健康教育机构，定期对农村妇女的心理健康问题进行普查，充分了解农村女性的心理动态。定期组织女性进行相关文化学习，提高女性的个人基本素养。

3. 在广大农村加强高毒农药的监管，相关部门应研制、推广低毒农药。政府应该明令禁止生产、销售高浓度的农药，对非法制售的人员追究相关责任。健全卫生服务体系，完善医疗服务体系，加强相关医疗人员的培养计划，降低就医成本。

4. 夫妻双方之间应加强情感交流。夫妻关系是家庭稳定的一个重要因素，所以夫妻之间要多进行交流与沟通。双方都应敞开心扉，表达自己观点，不能把自己的想法全部积累在心中，这样不利于夫妻感情的发展与培养。

七、项目反思

（一）基于研究方法的反思

本次调研中，我们采用了文献法、结构式访谈法、参与式观察法进行调研。

1. 方法的合理性

在调研中，我们运用的方法保障了我们调研的顺利完成，但是在调研过程中参与式观察存在一定局限。调研过程中，团队成员可能会因为主观性影响调研的客观性；参与式观察需要大量的人财物投入，并且需要被调查者的理解和支持，否则无法保证调研的顺利进行。

总体来讲，本次调研使用的方法还是比较适合本次实践，并未出现较大问题，所以本次调研方法是较为合理的。

2. 方法的优化

在调研过程中我们发现，这三种方法的结合基本上可以使本次的调研顺利进行与完成。在进行下一次的调研中，我们考虑结合其他方法，例如与实地观察法相结合应该会达到更好的调研效果。

（二）社会工作介入农村女性自杀问题的可行性

1. 社会工作者作为专业的技术人员，非常适合进入农村对已有的社会问题进行有效的分析以及设计解决方案。

2. 社会工作者致力于保护弱势群体，在农村很多女性都有遭受家暴的经历，并且很多女性的自杀皆因家暴而起。社会工作者可以通过科学的方法以及有效的途径介入，及时与农村女性进行沟通，寻找解决问题的有效方法。

3. 社会工作者可以联系当地政府以及妇联主任，向当地农村女性普及相关知识以及对女性保护的相关法律法规，培养他们的自我防范意识。

4. 开展心理健康教育，对曾经遭受过家庭暴力或者其他不公平待遇的女性进行心理疏导，防止心理疾病的发生。

参考文献

［1］牟月亭．社会性别视角下两性教育平等化研究［D］．甘肃农业大学，2017.

［2］杨少杰．从社会性别视角看我国农村妇女的发展问题［J］．新丝路（下旬），2016.

［3］林丽拉．当代中国女性权益保护研究［D］．华侨大学，2016.

［4］施旸．社会性别视角下的农村女性发展研究［D］．华中师范大学，2012.

［5］孟亚男．社会性别视角下的传统"婆婆"角色及其变迁［D］．河北大学，2008.

［6］许丽娜．社会性别视角下的农村妇女政治参与研究［D］．曲阜师范大学，2011.

［7］武艺．社会性别视角下的农村留守妇女生存状况研究［D］．暨南大学，2011.

［8］张辉．社会性别视角下的农村老年妇女社会保障问题——基于贵州的调查［J］．农村经济，2013.

［9］苏映宇．社会性别视角下的社会保障政策公平性研究［D］．福建师范大学，2010.

［10］钟立．从社会性别视角分析农村女性的自我意识现状及影响因素［J］．湘潮（下半月）（理论），2009.

［11］黄丹，倪锡钦．社会性别视角下的中国女性福利政策：反思与前瞻［J］．社会建设，2018，5.

附录

山东青年政治学院暑假社会调查
社会性别视角下的农村女性自杀问题研究调研问卷

第 1 题　您的性别为　　　[单选题]

选项	小计	比例	
男性	58		44.96%
女性	71		55.04%
本题有效填写人次	129		

第 2 题　您的年龄　　　[单选题]

选项	小计	比例	
18 岁以下	11		8.53%
18—60	117		90.7%
60 岁以上	1		0.78%
本题有效填写人次	129		

第 3 题　您成长的地方是　　　[单选题]

选项	小计	比例	
农村	73		56.59%
城市	56		43.41%
本题有效填写人次	129		

第 4 题　您对中国的自杀率有了解吗　　　[单选题]

选项	小计	比例	
是	33		25.58%
否	96		74.42%
本题有效填写人次	129		

第 5 题　您对农村女性自杀问题有了解吗　　[单选题]

选项	小计	比例
是	28	21.71%
否	101	78.29%
本题有效填写人次	129	

第 6 题　您身边是否有过自杀现象　　[单选题]

选项	小计	比例
是	28	21.71%
否	72	55.81%
不清楚	29	22.48%
本题有效填写人次	129	

第 7 题　您身边有没有男性轻生的事件　　[单选题]

选项	小计	比例
是	21	16.28%
否	75	58.14%
不清楚	33	25.58%
本题有效填写人次	129	

第 8 题　您认为自杀是否与性别有关　　[单选题]

选项	小计	比例
是	47	36.43%
否	82	63.57%
本题有效填写人次	129	

第 9 题　您看过的书籍或者电影中有过女性自杀的桥段吗　　[单选题]

选项	小计	比例
是	97	75.19%
否	32	24.81%
本题有效填写人次	129	

第 10 题　你们村/镇/市里重男轻女的思想严重吗　[单选题]

选项	小计	比例
非常严重	7	5.43%
一般严重	49	37.98%
不严重	45	34.88%
几乎没有	28	21.71%
本题有效填写人次	129	

第 11 题　您觉得自杀与幸福感关系大吗　[单选题]

选项	小计	比例
大	82	63.57%
还行	39	30.23%
不大	8	6.2%
本题有效填写人次	129	

第 12 题　您觉得现在农村女性幸福度高吗　[单选题]

选项	小计	比例
高	13	10.08%
还行	80	62.02%
不高	14	10.85%
不清楚	22	17.05%
本题有效填写人次	129	

第 13 题　您认为农村女性自杀的原因有哪些　[多选题]

选项	小计	比例
家庭贫困	95	73.64%
心理疾病	97	75.19%
外遇	65	50.39%
家暴	104	80.62%
其他	58	44.96%
本题有效填写人次	129	

第 14 题　您认为农村女性的生活压力可能来源于哪些方面　　[多选题]

选项	小计	比例	
经济问题	110		85.27%
家庭矛盾	113		87.6%
家庭地位低下	86		66.67%
孩子照料问题	81		62.79%
其他	52		40.31%
本题有效填写人次	129		

第 15 题　您认为发生女性自杀的事件谁应该负主要责任　　[多选题]

选项	小计	比例	
社会	92		71.32%
邻里	62		48.06%
家人	102		79.07%
自身	90		69.77%
本题有效填写人次	129		

第 16 题　您觉得女性自杀的方式有哪些　　[多选题]

选项	小计	比例	
喝药	109		84.5%
上吊	91		70.54%
割腕	91		70.54%
跳楼	89		68.99%
其他	55		42.64%
本题有效填写人次	129		

第 17 题　您认为降低女性自杀可能性的方法有哪些　　[多选题]

选项	小计	比例	
询问心理医生	93		72.09%
改变贫困状况	97		75.19%

续表

选项	小计	比例
改变家庭地位	88	68.22%
其他	54	41.86%
本题有效填写人次	129	

第 18 题　如果身边的女性有轻生的念头，你会怎么做　　[多选题]

选项	小计	比例
寻求专家帮助	90	69.77%
与她交流开导	104	80.62%
置之不理	33	25.58%
不知道该怎么办	39	30.23%
本题有效填写人次	129	

第 19 题　女性自杀的后果可能有哪些_____[填空题]

第 20 题　您怎样看待自杀问题_____[填空题]

致谢

活动历时数天，随着结项书的落笔活动进行到尾声，几日游历寻访如小说般跌宕起伏，开端，发展，高潮，结局。这故事是精彩的，它离不开许多重要人员的支持与帮助，所以在此向他们表示最真诚的感谢。感谢学校与学院的大力支持，使我们能够有机会开展本次的调研活动。

在此要感谢我们的指导老师——温欣老师，她严谨务实，学识渊博，有着较高的学术素养与广阔的视野。在这次活动中，她为我们指明方向，照亮路途，她在百忙之中多次给予我们中肯意见，并对全文进行审阅删改，使它臻于完美，最终成型。

其次要感谢所引用专著的学者与活动中积极配合帮助我们的人员，如果没有他们的帮助与启发，我们是无法完成这次活动的最终写作。他们使我们的个人能力得到提高，沟通能力得到完善，开拓视野，填充储备，为以后我们在学术与生活的道路上做好铺垫，再次向他们表示感谢。

当然，由于受到个人能力的限制，所能启用资源的相对匮乏，其中会有些许不足之处，希望各位老师和同学批评指正。

精准扶贫视域下济南市贫困村民主体性缺失与重塑路径构建研究

——基于精神扶贫的视角

团队负责人：梁会会（2017 级公共事业管理专业）　　指导教师：韩芳丽

团队成员：刘菲（2017 级公共事业管理专业）、柴丽萍（2018 级公共事业管理专业）、赵存崧（2018 级公共事业管理专业）、秦洁薇（2018 级公共事业管理专业）

一、项目目的

十九大报告会中明确指出了，要全力以赴地打赢脱贫攻坚的战争，注意"物质扶贫"与"精神扶贫"的有机结合。要加快农村贫困治理的步伐，而如今时代农村贫困人口的存在是限制全面小康的最大拦路虎。要进行农村贫困治理，仅仅靠国家物质扶贫是远远不够的，还应该发挥群众的力量，积极进行"精神扶贫"从根本上改变农村贫困地区人民"等，靠，要"的消极心态，积极培养广大贫困人口脱贫致富的心劲，丰富广大农村贫困地区的精神文化生活。如今农村贫困治理已经到达最后的冲刺阶段，农村贫困治理上的扶贫不仅仅需要"物质扶贫"，更多的是对人民群众的"精神扶贫"，打破原有的心理定势、价值观念以及固存观念、习惯，从而促进农村贫困地区经济结构的变迁。本次社会实践就是在农村贫困治理的大背景下寻找一直以来潜伏在物质扶贫背后的深层影响以找寻农村贫困治理的问题与矛盾，结合调查问卷分析"精神贫困""思想贫困"问题，从而进一步推动农村贫困治理，推升脱贫质量，从而改善贫困居民的生活水平，加快全面小康的步伐。

二、项目内容

（一）项目背景

党的十八届五中全会，明确地指出了"十三五"发展的战略部署，同时也对实施脱贫攻坚工程、全面建成小康社会提出了具体的举措。习近平总书记在走访了中国许多的贫困地区之后，也提出了"扶贫先扶志""扶贫必扶智"和"精准扶贫"的扶贫方略。2016 年，国务院下发了《"十三五"脱贫攻坚规划》文件，同时结合"创新、协调、绿色、开放、共享"五大发展理念指导精准扶贫，目的在于彻底消除贫困，到 2020 年全面实现小康。

（二）项目概述

目前，农村扶贫工作已经进入了攻坚拔寨的冲刺期，但事实表明农村扶贫工作仍然存在一定的问题。农村扶贫工作不仅仅是建立在丰富的物质生活上，更重要的是提高精神生活的质量。本项目以山东省临沂市平邑县为考察地，从百姓与村官两个角度出发，通过访谈、问卷调查等方法，围绕农村贫困治理背景下如何实施"精神扶贫"政策、当前在其实施过程中所面临的问题展开调查，分析当今农村精神扶贫存在的问题与不足，并探讨解决问题的途径与方法，以期待可以为农村"精神扶贫"贡献一分力量。

（三）项目创新

我国是一个社会主义国家，有着以人为本的原则。在党的十九大中，习近平总书记也指出"坚持以人民为中心"是新时代坚持和发展中国特色社会主义的基本方略。这是对决胜全面建成小康社会、实现中华民族伟大复兴的本质要求。然而，我国目前还有四千多万的贫困人口是全面建成小康社会的短板，这其中绝大部分是农民，因此在农村贫困治理背景下探究精神扶贫是以现实为依托，响应时代热点的问题，体现了以人民为中心的治国思想。

（四）项目目标

本项目通过对临沂市平邑县的深入调查研究，同时结合所学的专业知识，紧紧围绕农村贫困治理这个大背景和精神扶贫这条主线构筑分析框架，通过对调查数据的分析，了解当前精神扶贫政策在农村取得的成就和存在的问题，针对调研结果提出相应的意见和建议。希望政府能够更加重视农村贫困治理背景下的精神扶贫，让精神扶贫在农村能够建立长效机制，以保证精神扶贫政策能够真正落实到位。

（五）项目经历

实践团队历时十天对临沂市平邑县的五个乡镇进行实地走访，通过对当地村官和当地不同年龄、性别的百姓进行了深入访谈和问卷调查后，对调研的数据进行了深入分析，找到了当前农村贫困地区精神扶贫的主要问题，通过查阅资料和文献并结合实际情况，就当前存在的问题提出了相应的对策。如图 10 所示：

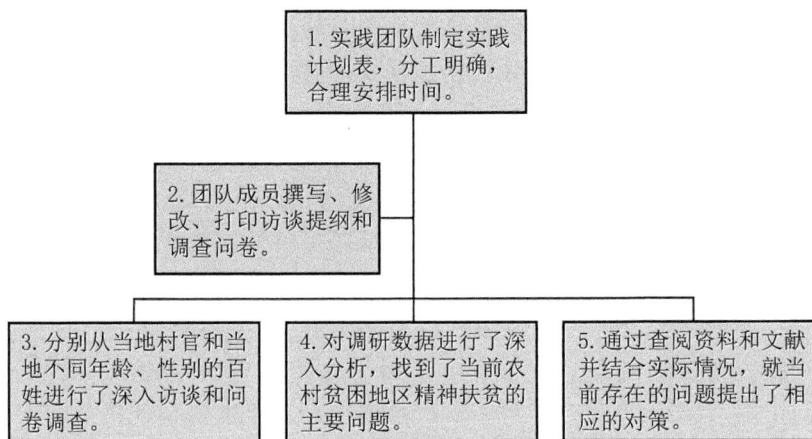

```
┌──────────────────────────┐
│ 1.实践团队制定实践        │
│   计划表，分工明确，      │
│   合理安排时间。          │
└──────────────────────────┘
        ┌──────────────────────────┐
        │ 2.团队成员撰写、修        │
        │   改、打印访谈提纲和      │
        │   调查问卷。              │
        └──────────────────────────┘
┌─────────────┐ ┌─────────────┐ ┌─────────────┐
│3.分别从当地 │ │4.对调研数据 │ │5.通过查阅资 │
│村官和当地不 │ │进行了深入分 │ │料和文献并结 │
│同年龄、性别 │ │析，找到了当 │ │合实际情况， │
│的百姓进行了 │ │前农村贫困地 │ │就当前存在的 │
│深入访谈和问 │ │区精神扶贫的 │ │问题提出了相 │
│卷调查。     │ │主要问题。   │ │应的对策。   │
└─────────────┘ └─────────────┘ └─────────────┘
```

图 10　项目流程

三、项目方法

农村精神扶贫不同于常规的精准扶贫，简单地进行物质上的帮助，更多的是一种本质上的探究团队以精准扶贫中精神扶贫主要对象为主体研究对象，针对该群体在精神扶贫过程中的问题与渴求展开阶段性调研采访。

团队预留了充足的项目调研时间，保障了多元化调研方式时效性搭配，项目团队成员分工明确具体，项目前期调研过程中，本团队采取问卷调研法、实地访谈法、查阅文献法、对照分析法、综合分析法等方法。

（一）问卷调研法

团队根据项目自身研究目标和研究途径提前设计了相关的问卷，针对农村精神扶贫过程中，农民精神生活方式的现状与渴求进行了问题设置，以此对农民精神生活的满意度进行客观的分析与衡量。

（二）实地访谈法

解决好精神扶贫问题是正确处理好农村贫困治理的关键所在，团队成员充分认识到调研过程中对精神扶贫重点村民代表，充分听取农村贫困治理中精神扶贫所存在的不足，通俗易懂地交换看法与双方，了解"精神扶贫"农民精神生活的真实想法和评价。

（三）查阅文献法

以农村贫困治理为背景下的精神扶贫，是保障农民全面小康至关重要的环节，该村村委为本团队提供了农村精神扶贫的证明材料和策划书。同时自推行精准扶贫中的精神扶贫以来，相关研究性文献丰富并具有高度理论性与指导性，本团队所有成员协同合作已在中国知网、人大复印资料、谷歌学术以及本校图书馆收集相关文献和论文 50 余篇，采取实证研究为基础，以政策导向为指引，获得诸多一手描述性研究，为后续项目持续开展提供了理论支持。

（四）综合分析法

本团队进行了深入的调研与走访后基本上全面、正确地了解并掌握了农村精神扶贫问题的相关信息，梳理了农村贫困治理背景下的精神扶贫的相关问题与对策，认清农村精神扶贫的确实与未来，运用归纳和演绎、分析与综合、抽象与概括等具体的推理论证方法对问题本质进行初层次探讨，采取类型化、体系化的思考方法以"头脑风暴"形式进行集思广益，进行了系统的实证分析、经济分析、价值分析、历史分析、文化解释等。

四、项目结果

本次社会实践的主要调研地，山东省临沂市平邑县位于沂蒙山区，是全国一百个贫困县之一，是山东省扶贫开发重点县，更是国家沂蒙山革命老区振兴规划县重点县。从本次社会实践的走访调查过程中可以看出，农村贫困治理还有很长的一段路需要走，特别是国家对"精神扶贫"的执行还有很多艰巨的任务需要克服。

（一）贫困人口思想僵化

经实践小组走访调研发现，农村贫困地区的贫困人口普遍存在着受教育程度低的问题，普遍的低文凭现象导致贫困人口自我脱贫意识淡薄，存在着信心动力不足、热情不高的问题。具体有以下几个方面：

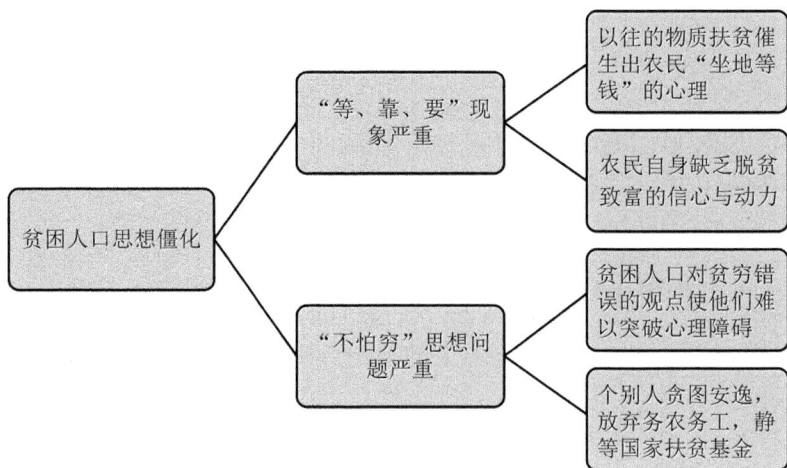

图 11　贫困人口思想分析

第一："等、靠、要"现象严重。经过实地实践不难看出，很多贫困居民的长期贫困状态与其长期形成的固有观念密不可分。在以往物质扶贫的影响下，一些人已经坚定政府扶贫就是"坐地等钱"的脱贫致富方式，更普遍存在着"等，靠，要"的不良心理，缺乏一种脱贫致富的信心与动力，普遍将"我要富"理解为"要我富"，丝毫没有吃苦耐劳的精神与品质。人们长期处于"被动扶贫"，使得我国农村贫困治理工作进程缓慢，效果低微。就如同习近平总书记说的那样"干部干，群众看"，这就给农村贫困治理增加了多重难度。例如，山东省临沂市平邑县仲村镇某村，当地政府落实国家相关扶贫政策，帮助居民建立金银花苗木基地之后，众多贫困户依然等着政府组织人员进行苗木种植，一味将所有希望寄托在政府身上，希望自己坐享其成。在面对贫困时，不积极从自身找解决方案，却把所有希望寄托在国家精准扶贫的扶贫财务上。从不认为自己的错误态度导致自身的贫困，却将贫困的原因纠结于扶贫力度不足等因素上。

第二："不怕穷"思想问题严重。经实践团队对平邑县贫困村进行走访调查事发现，农村贫困治理中贫困人口"扶不起""难扶起"的原因在于，很多人害怕以自己现有的能力水平学不会新技术、新技能，进而无法发展新型扶贫产业，故而造成农村贫困治理难以进行，对贫穷错误的观点让处于农村贫困地区的人们始终无法突破原有生活方式的心理障碍。更是有个别的人贪图现有生活的闲散安逸而放弃务农务工，静等国家的扶贫基金。真所谓"怕这怕那就不怕穷"，宁愿守着陈旧破败的生活也不愿意去尝试一个全新的有意义的人生。"蹲在墙根晒太阳，静等别人送小康"成了很大一部分贫困群众的真实写照。俗话说"巧妇难为无米之炊"，面对这些有着不健康心理的贫困群众，就算有再多的贫困治理，物质扶贫也终究只会是治标不治本，没有多大作用。长期的贫困生活使他们养成了某种对贫困生活的习惯性，因此，这样的贫困心理得以长期保存传递，这也使得农村贫困治理迟迟难以前进，"精神扶贫"也就成为我国农村贫困治理的重中之重。

（二）精神扶贫缺失现象严重，不健康精神文化呈现主流态势

我国原本的精准扶贫注重物质上的补贴与扶持，这就使得农村精神文化建设的投入极其不足，致使我国农村地区文化资源匮乏。农村现有的精神文化建设难以发挥应有的活跃农村文化生活的作用，也起不到引领农村文化积极发展的作用。日常缺失精神扶贫相关对策、措施。调查发现，农村相关精神扶贫的活动少之又少，本来就少有的精神扶贫的具体实施就更加难以产生效果。不健康的精神文化不仅仅动摇了农行脱贫致富的积极观念，更是让人们日常工作缺乏乐趣，生活变成了学生式的家庭工作的两点一线的生活模式。就目前实践团队的调研发现，我国农村贫困治理背景下的精神扶贫缺失严重致使我国农村居民面临众多"精神文化盲区"。"精神贫困"比经济贫困更难以解决，这就阻碍着农村贫困治理的进一步实施。

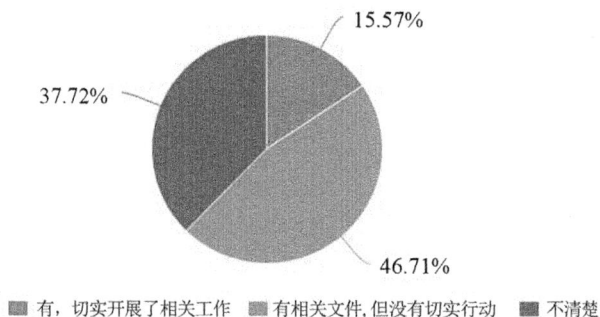

15.57%

37.72%

46.71%

■ 有，切实开展了相关工作 ■ 有相关文件，但没有切实行动 ■ 不清楚

图 12 对精神扶贫活动的调研

（三）受教育程度低，价值取向失范

我国正处在加快农村贫困治理、全面建设小康生活的关键时期，各种社会上的矛盾开始凸显。以往崇文尚贤的优良传统正在一步一步走向消亡，有很大一部分人，特别是贫困居民更加相信读书无用论，众多贫困户宁愿家里人挣钱

打工也不让其上学。经过调研发现贫困地区居民的受教育程度普遍在高中及以下。尽管我国政府强制推行九年制义务教育，但由于居民的上学无用论等不良思想的影响，贫困地区的少年郎辍学率很高。以此来看，贫困地区的低学历人群是否获得脱贫致富的知识技能就不得而知，更高层次的像他们是否获得了脱贫致富的信心与动力以及改变命运的决心和信心，这些我们都不得而知。另一方面随着我国商品经济的深入以及低学历影响，利己主义已经逐渐成为部分农民的道德观念。有用的费尽心思讨好巴结，没用的束之高阁，更有甚者把我国几千年来的优秀道德传统当成自我发展的禁锢，抛弃良心巧取豪夺，非法牟利从而脱贫致富，在暴富之后挥霍无度，醉生梦死。价值观上，农村部分贫困地区已经逐渐养成了一切向"钱"看的不良现象，极端的利己主义已经占领了大部分人的头脑，失范的价值观念已成为一些见利忘义的人群坑蒙拐骗的借口。总之，农村贫困治理大背景下的精神扶贫建设面临着极为严峻的形势，低学历，错误价值观等不良现状的改变已经成为部农村贫困治理的一大绊脚石，要想真正改变农村贫困的现状必须进行精神扶贫，改变低学历，价值观失范的现状。

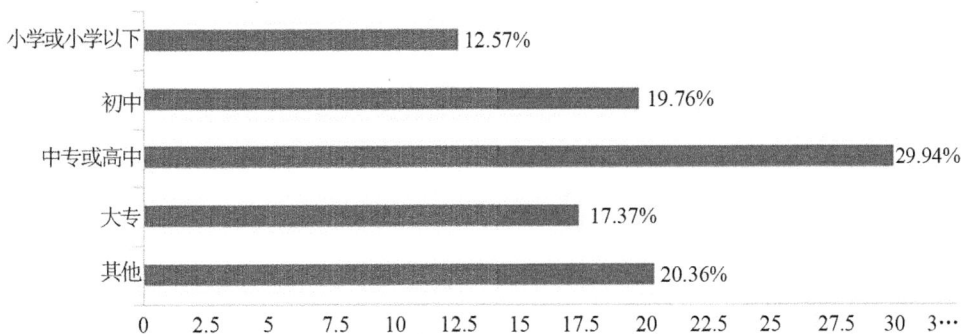

图 13　贫困地区居民受教育程度分析

（四）民族精神文化需求与供给的矛盾突出

随着农村贫困治理的逐渐深入，农村贫困地区的物质需求在逐渐加大，越来越多的贫困居民渴望外面的丰富的精神文化生活，而想要满足贫困居民这种精神上的需求就必须有相应的精神扶贫来提供精神生活场所和精神生活设施。然而现实生活中的精神扶贫资金匮乏，贫困居民精神生活需求与现有供应严重不符。例如对图书知识的需求，农村相关的图书馆建设严重不足。2019 年全国农村人均阅读量仅为 0.35 册，远远低于全国人均图书阅读量。另一方面，在农村贫困地区，电影等娱乐文化活动更是一种奢望。由于原有的农村贫困治理方式，精神文化产品坐上了冷板凳，致使精神文化供应严重不足，我国农村贫困治理在精神文化方面缺乏供应，贫困居民出现了严重的精神文化需求与供应上的极为突出的矛盾。

五、项目分析

近几年以来，伴随着我国精准扶贫政策的逐渐深入，我国的扶贫效果显著，但仍然有一部分地区出现了贫困反弹，这给农村贫困治理带来了极大的麻烦。农村贫困治理之所以难以有效地完成，究其原因是部分地区精神比物质更加贫困。以往的"输血式"物质扶贫模式仅仅是"授人以鱼"而并非"授人以渔"在十九大报告会中我们的习近平总书记提出了"扶贫先扶志，扶贫必扶智"的总方针，进一步强调了"扶贫发力要精准，精神必先行，要高度重视和认识精神扶贫在农村贫困治理中的先决性、基础性和关键性作用，把精神扶贫作为农村贫困治理的重要措施，实现农村贫困治理的早日进行"。实践小组通过对调查结果的分析研究以及本身实践过程中的体验得出致使我国农村贫困治理"精神扶贫"现状不容乐观的原因如下：

（一）思想意识没有进行完全转变

实践小组认为，思想意识的未完全转变是造成农村贫困治理背景下的精神扶贫的重要原因。而造成此现象影响阻碍农村贫困的主要因素应该有政府和群众两大方面来分析：

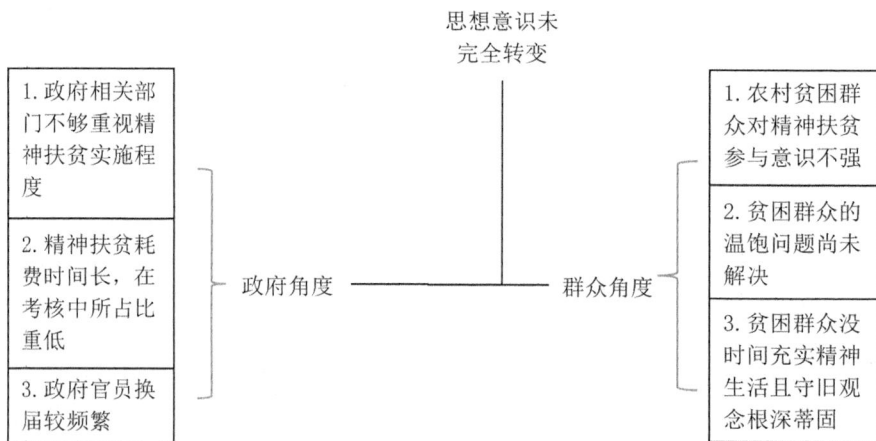

图 14 思想意识滞化原因分析

1. 政府角度。政府是进行农村贫困治理下的精神扶贫的主要方案的指导者。就目前情况来说，政府相关部门还不够重视"精神扶贫"的实施程度。就以往精准扶贫的事实来看，精准扶贫时间紧，任务重，为了尽快地完成扶贫任务，有些地方政府一味的发展经济而忽视了"精神扶贫"。因为精神扶贫在最终考核体系中所占据的比重比较低，而且精神扶贫更多的是注重精神上的富裕，完成时间长，更重要的是成绩不够明显，政府官员往往换届比较频繁，很多官员为了表面上的成绩就干脆放弃精神扶贫，紧抓物质上扶贫等这些容易看出成绩的措施，来促使自己的仕途更上一层楼，这也就导致了政府方面精神扶贫处于一种"说起来重要，做起来次要，忙起来不要"的尴尬境地。

2. 群众角度。贫困群众是精神扶贫的主要对象。而目前现状是作为精神扶贫主体的农村贫困群众对精神扶贫的主动参与意识不强。首先，贫困群众就目前来言，温饱问题还未完全解决，解决温饱问题才是贫困群众的首要追求目标，相对于温饱问题而言贫困群众对于精神文化的追求尚显得微不足道。其次，贫困地区的人们仍然过着日出而作、日落而息的生活方式，还没有时间去进行充实精神生活的活动以及进行脱贫致富的相关培训。再加上贫困地区的人们守旧观念根深蒂固，"等、靠、要"观念更是贫困居民的主流思想，这些错误的思想观念很难在短时间内完成转变。

（二）政府扶贫考评体制机制不健全

政府换届频繁，有些官员为了仕途的顺利，紧抓物质扶贫这类容易出成绩的方面。这与我国现在对官员的考评机制息息相关。我国现有的考评机制缺乏对科学教育、精神文化等相关领域的绩效考评机制。精神文化建设在绩效考评中所占比例少，这就在一定程度上造成政府把精准扶贫重心放在经济的发展上，而忽略了精神文化建设，阻碍了农村精神文化行业的发展。单一的政府考评机制一味关注结果，缺乏一种对过程的管理及监督，而这种对结果的关注也没能有效地进行各方面的沟通反馈，使得现有考评机制流于形式，对考评结果也没有进行一种有效的利用，造成我国现存的这种重表面形式而轻视实际内涵的现状。

（三）综合因素对农村精神提升的制约

1. 结构因素。我国现有的城乡二元结构是一种长期存在的城乡生活差异巨大的城乡结构现状。这种城乡结构造成了我国农村和城市有着完全不对等的资源，这就使得我国农村贫困地区的精神文化发展处于一种滞后的状态。这就在很大程度上阻碍了贫困居民现代意识的成长，就很难促进精神文化领域的发展。再者，这种城乡二元结构的存在很大程度上导致了我国农村贫困地区的人群受教育程度普遍很低。二元结构的客观存在导致精神文化建设中政府行为倾向于城市的"特殊癖好"，这便是我国农村贫困地区精神文化建设极其匮乏的根本原因。就调查现状来说，城乡精神文化建设投入之比普遍在 8∶3 左右，城市精神文化建设的资金支持往往是农村资金投入的 2 倍之多，这使得我国城乡精神文化建设差距越来越大，总之我国现存的城乡二元结构很大程度上造成了我国农村精神文化建设的落后。

2. 历史因素。我国几千年来的封建王朝统治使得封建迷信已经深入每个人的骨子里。特别是在生产力落后的小农经济的状况下，世间万物的很多事情让人无从抗拒却又无可奈何，只有求助于超现实的幻想来支撑自己生活下去。再加上封建王朝为了巩固自己的统治地位一味采取愚民政策，这就使得我国两千多年来的农民从来不曾拥有属于自己的精神思想。我国严重的历史因素使得当今我国农村贫困地区的人们的思想观念以及精神文化建设的一些要求还未能达到相应的水平，这就很大程度上加大了"愚昧型"的农村贫困地区生活方式与现代先进的精神文化生活方式之间的矛盾

3. 经费因素。教育是改善农村精神文化生活最有效的途径，而目前我国农村地区精神文化水平普遍比较低，这也是我国农村地区精神文化贫困的重要原因。就目前来说，我国政府采用"分级改善"的模式，城市的精神文化建设经费主要由国家来承担，而农村贫困地区的精神文化建设经费则由相应地区的县乡政府承担，另一方面我国执行"分税制"又让县乡政府的财政收入变得十分有限。所以目前我国整体的状况是农村精神文化建设经费远远少于我国城市的精神文化建设经费。经我国统计局发布的数据来看，2014—2017 年，我国精神文化建设经费总支出为 17427.5 亿元，其中农村精神文化建设支出仅为 5227.3 亿元，农村地区精神文化建设经费仅占全国总经费的 30% 左右。这种经费上的欠缺，使得我国农村地区精神文化建设发展缓慢。

（四）部分扶贫干部精神扶贫能力缺乏

近年来为了打好脱贫攻坚战，全国各地都组建了相应的脱贫攻坚小组。这种看似结构严谨行动有效的小组制扶贫，在很多地方却只是表面上扶贫，实际运行过程中，各级单位之间相互推卸责任，这就造成责任的不明确等一系列的问题，达不到预期的目标。一方面驻村的一味等待上级的安排却不主动寻找丰富农村精神文明建设的途径，丝毫没有主人公意识；另一方面上级的领导会以为基层领导可以做好本职工作，便过问较少，这就使得在精神扶贫过程中，上下领导的脱节。再加上各地扶贫小组成员调动各种资源的能力严重不足，就使

得我国农村精神文化建设的道路漫长而艰难。

六、结论与建议

所谓精神扶贫就是通过干预贫困者的主观世界，充分调动和发挥贫困者的自我能动性，走出一条我要脱贫、自我脱贫的致富之路。党的十八大以来，习近平总书记把"扶贫先扶志，扶贫必扶智"作为扶贫工作的重要发展理念，同时还强调在扶贫过程中，不仅要在物质上扶贫，更要把精神扶贫置于扶贫工作中的重要位置。我国农村的贫困问题是全面建设小康社会中面临的一个严峻的问题，与此同时也是阻碍我国社会主义新农村建设的重要障碍。长期以来，人们对贫困的认识过于狭隘，强调物质扶贫在脱贫的作用，但是却忽略了农民思想意识贫困。物质决定意识，意识对物质具有能动的反作用，思想作为意识形态的一部分，是行动的先导，思想观念的先进与落后直接影响到行动的方式，先进的思想有助于激发农民的创新意识和自主意识，有助于农民积极投身于生产活动，自主地发家致富。反而落后腐朽的思想则会阻碍新农村建设的顺利进行，导致农民在生产生活的行动中散漫懒惰，混混度日。

针对我国目前农民的精神贫困的状况，必须明确扶贫的重点与难点，把物质扶贫和精神扶贫相结合，彻底改变农村中农业、农民的落后现状，按照生产发展、生活富裕、乡风文明、村容整洁、管理民主的要求，以改善农民的生产生活的环境、提高我国农民的综合素质、建立农村新文化、建设和谐农村为目的，有助于我国社会主义新农村建设的进行与发展。农民的问题作为精神扶贫内容中的重要组成部分，也是我国精神扶贫工作的目的、中心和基础。精神扶贫内容的关键就是启发农民的自觉性，调动农民的积极性，激发农民的创造性，让农民通过自己的努力发家致富，营造积极向上、乐观进取的精神文明世界。拥有积极乐观的精神与思想是农民必将成为农村社会进步的推动力量，成为社会主义现代化的力量源泉所在。从某种意义上来说，农民的文化素质、技术能力和思想道德水平，决定了新农村建设的成败。所以，必须对农民进行精神扶贫，才可以使农民树立自立自强的精神，充分发挥其自主建设社会主义新农村的能力，这是开展社会主义新农村建设的关键所在。经过我们团队的长时间探讨我们得出了以下几条建议，希望对农村精神扶贫现状存在的问题有所帮助。

（一）加强宣传引导，提高思想意识

各级部门要加大"精神扶贫"宣传力度，要坚持执行走进前村万户、深入宣传"精神扶贫"相关政策，以及十九大召开以来我国精神扶贫的现状、

机遇以及挑战。使得贫困群众特别是相关政府官员充分认识到"精神扶贫"工作的艰巨性以及急迫性，特别是要广大贫困地区群众充分认识到精神扶贫相关政策在农村贫困治理过程中的重要作用和战略地位，要营造一种"政府—基层—群众"三位一体的关注支持和参与。

对政府来说。要树立一种正确的从政观念，把自身工作重点放在农村精神文化等各项不容易出成绩却可以造福群众的方面来，拒绝为了自身仕途的顺利而只单纯重视经济发展等容易出成绩的方面。真正地做一方父母官，所谓"为官一任，造福一方"这才是正确的为官之道。

对贫困居民来说，要积极响应"精神扶贫"相关政策。通过各种宣传渠道来获得脱贫致富的信心与动力，直面生活中的困难，从根本上摆脱贫困，远离"等，靠，要"等不良思想。重视精神文化的提高，坚持科学观念，抵制迷信，完成农村贫困地区居民的精神大脱贫。

（二）健全机制体制，加强制度保障

1. 建立精神文化领域的考评与监督体制。要加大精神文化工作在政府官员及其相关工作人员绩效考评机制中所占的比重，并将其作为政府人员换届的重要考察内容。在绩效评估中加大对精神文化领域相关方面的考察，增强过程考察力度，彻底避免考评成为一种形式，让考评真正起到一种激励监督的作用。

2. 建立健全农村贫困地区人才培养及其引进机制。我国到目前为止城市化水平仅占 50% 左右，而城市人才数量达到了 95%。这是一种人才分布的严重不均，在如今农村贫困治理的关键时期，农村相关人员要通过合理的支持政策，加大人才引进力度，力求留住人才。打破现有的这种流于形式的精神扶贫机制，建立一种以精神扶贫人才为基础的精神扶贫专业机构，构建精神扶贫多元化体系，通过人才的引进与培养，进一步扩宽农村精神扶贫相关措施的实施，提高精神扶贫工作人员的专业素质，从而更好地服务广大人民群众，真正地完成习总书记在十九大中的嘱托，做好农村精神扶贫，改善农村精神生活严重缺失的现状。

（三）增强农村精神文化队伍建设

大力发展文化事业和文化产业，通过农民喜闻乐见、丰富多彩的文化活动，在潜移默化中使农民通过活动学到新的知识，能够符合农民心意，带给农民实实在在的好处。例如，每月举办读书日；举行有奖竞猜活动；利用道德讲堂、农民夜校、法制学校、宣传栏、阳光台、文化活动室等平台，实施"社会公德、职业道德、家庭美德、个人品德"的"四德建设"工程；开展"星级文明户""敬老好儿媳""道德模范""文明家庭"等评选活动，对表现良好的农民进行奖励和支持。在实践中，不搞"理论说教"不搞"填鸭式"灌输，通过教育引导、舆论宣传、文化熏陶、实践养成、制度保障来引导贫困群众树立正确的价值观，树立起社会主义新风尚。

七、小结

在习近平总书记扶贫开发战略思想以及中央领导就全国脱贫攻坚奖表彰大会所做的重要批示和重要讲话精神的带领下，我国以"扶贫先扶志""扶贫必扶智"为主要扶贫方略，精神扶贫工作在全国各地顺利展开。扶贫先扶志，致富先治心。精神贫困是贫困人口在精神文化方面的一个重要特征，严重地阻碍了贫困人口的脱贫致富，阻碍了农村经济发展的步伐，使贫困人口缺乏脱贫的精神动力和智力支持。在物质扶贫的同时，更要从思想上、精神上对农民进行帮扶。对于我国现如今农民存在的问题，只有更好地对我国农民进行精神扶贫，提高我国农民积极向上、努力进取的精神，才可以更好地建设我国社会主义新农村。

"麦田守望者"

——大学生暑期乡村支教模式创新的探索研究

团队负责人：卢妹玫（2017 级社会工作专业）　　指导教师：孙成键、毛田惠

团队成员：国明赓（2017 级社会工作专业）、闫新梓（2017 级社会工作专业）、张瑞鑫（2017 级经济学专业）、刘馨（2016 级英语专业）、亓冉冉（2017 级会计专业）、董喜萍（2017 级政治学与行政学专业）、马京钰（2018 级公共事业管理专业）、马晶晶（2017 级社会工作专业）、李晓艳（2018 级社会工作专业）、秦世强（2017 级经济学专业）、车昊桐（2018 级社会工作专业）、宋金茹（2017 级社会工作专业）、孙海娇（2017 级社会工作专业）、胡方颖（2017 级社会工作专业）、梁乙晴（2017 级社会工作专业）、徐铭（2018 级市场营销专业）、孔欣雨（2018 级社会工作专业）、王栋健（2018 级社会工作专业）、王晶（2017 级社会工作专业）、宋震（2017 级社会工作专业）、武传玉（2017 级国际经济与贸易专业）、苏明超（2017 级物业管理专业）、柳师进（2018 级社会工作专业）

一、项目背景

在中央提出实施精准扶贫、实现全面脱贫的目标和"扶贫先扶志""扶贫必扶智"要求的大背景下，大学生支教作为志愿活动逐步兴起。近年来，随着我国教育水平的提高和政策的支持，支教大学生数量逐年增多且呈现组织化的趋势，与此同时，大学生短期支教热引起了社会各界的关注，大众在肯定大学生短期支教的同时，也严厉地指出了其弊端。为了弥补传统支教模式的不足，探索乡村支教科学的、可推广的教育模式，我们依靠社会工作的专业背景，在支教过程中融入小组游戏、历奇活动、体验式教育等有特色、有趣味的施教方法，从而创新支教的传统授课方式，弥补传统教育中出现的短板与不足；创新支教传统授课模式，将支教方案设计实际操作化，使其在不断的反馈中完善和成熟；同时评估支教地区和学校的具体需求，引导学生学习传统文化，进行体验式爱国主义教育，关注乡村留守儿童生命安全教育，探索大学生暑期乡村支教内容和形式并重的新模式。我们以实地支教为契机，将创新模式投入到实际计划的操纵中，发现其问题并不断完善，使其成熟，最后推而广之。

二、研究方法

1. 参与式观察法：选取项目实践地点，依据方案开展乡村支教，实际参与研究对象日常社会生活并收集相关评估资料。

2. 无结构式访谈方法：寻找条件合适的研究对象，通过访谈为研究提供依据，丰富研究。

三、项目的主要内容

（一）支教活动开展现状

支教活动的开展主要依赖于三个方面：支教志愿者、对接地区及学校、学生和家长。本次支教活动开展地区为山东省菏泽市定陶区孟海镇以及山东省聊城市临清市尚店镇的一所中学、两所小学。根据前期志愿者与当地省派第一书记工作组的沟通协调，了解到聊城市临清市两所小学是第一次开展支教活动，艺术器材设施完善却缺乏合适的艺术课程兴趣激发和培养，生命安全教育也有大片空白。针对此种情况，支教团队积极与校方沟通并进一步确定支教教学活动方案和计划，为丰富当地学生艺术课程、填补生命安全教育的空白、加强理想信念与价值观教育做出努力，回应受教地区现实需求，做好风险评估和应急预案，保障支教活动的顺利开展。

（二）支教活动具体内容

本次支教活动应驻临清山东青年政治学院省派第一书记工作组的邀请，依靠社会工作的专业背景，在支教过程中融入小组游戏、历奇活动、体验式教育等有特色、有趣味的施教方法，从而创新支教的传统授课方式，弥补传统教育中出现的短板与不足；创新支教传统授课模式，将支教方案设计实际操作化，使其在不断的反馈中完善和成熟；同时评估支教地区和学校的具体需求，引导学生学习传统文化，进行体验式爱国主义教育，关注乡村留守儿童生命安全教育，探索大学生暑期乡村支教内容和形式并重的新模式。我们以实地支教为契机，将创新模式投入到实际计划的操纵中，发现其问题并不断完善，使其成熟，最后推而广之。

针对农村低年龄段儿童沟通尚未形成良好行为习惯、生命安全意识不强、接触科学知识少、忽视传统文化教育等问题，在结构功能主义、社会互动理论、优势视角、埃里克森的人生八阶段理论、社会支持网络理论等理论支持下，从生活习惯养成、价值观树立引导、生命安全意识提升、挖掘优秀传统文化、素质能力拓展等方面服务入手，发现发扬支教小学的特色和优势（体育运动和优良学风)，在服务的过程中实行班主任制度，即每班设立两位班主任老师，了解学生的思想动态、心理特点和兴趣特长等并负责班级日常管理工作，培养良好的班风和学风。在暑期夏令营结束后，能够促进农村学校学生形成和掌握良好的卫生意识和生活习惯，初步树立正确的人生观和价值观，提高自我安全意识，掌握优秀传统文化和提高自我能力。

主要课程：

课程类别	课程名称	课程说明
理想信念与价值观教育	爱与幸福	爱与幸福都是大家可望可及的，处于童年时期的孩子可能察觉不到自己现在拥有的爱与幸福。本课程通过让大家分享幸福、制作幸福卡、观看影片三部分让孩子们对幸福与爱有深刻的理解，并通过此课程的引导让孩子们意识到自己身处幸福之中，形成正确的幸福观。
	小小接班人	使学生感受榜样的力量和社会正能量，激发学生的爱国情怀，使学生形成积极向上的生活态度，追求积极向上的目标。
学业和兴趣发展	课业辅导（语文天地、数学天地、外语天地)	帮助学生保质保量地完成部分假期作业并进行知识拓展。
	国学达人	"国学"之意是指中华民族固有的文化与学术，是从古至今无数代人智慧与汗水的结晶。本课程有选择性地选取了三小部分，旨在让同学们大体了解《三字经》《弟子规》《千字文》的内容，重点学习其中的片段，并能背诵重点段落。在学习之后能领悟其中的道理，并运用到现实生活中。
	户外历奇	发挥孩子们喜爱玩闹的天性的同时，发现每个孩子的性格特点，培养孩子们的体育兴趣，潜移默化地提高他们的自律能力，增强同学之间团结协作的能力。
	趣味体育	在传统体育课形式基础之上，充分运用前期申请的"运动盒子"将趣味带到支教中，让孩子体会运动的乐趣。
	手工绘画	通过绘画和手工的形式锻炼同学们的动手能力和注意力，放松身心，激发想象能力。
	小小音乐家	音乐是反映人类现实生活情感的一种艺术，音乐让人赏心悦目，并为大家带来听觉的享受。音乐能提高人的审美能力，净化人们的心灵，树立崇高的理想。此次我们会通过"小小音乐家"这门课程来丰富学生课余生活，激发学生爱好。
	小小舞蹈家	进行基础的舞蹈动作练习，并通过练习掌握一支舞蹈，让学生们于舞蹈中发现美、感受美。

课程类别	课程名称	课程说明
生活习惯养成	生活与礼仪	通过活泼有趣的课程设计，展示生活小常识的基本知识和急救知识，将生活小常识和日常礼仪规范普及到同学们的心中，开展本课程的目标是为了培养学生的卫生意识与良好的探索生活技巧的能力。
	环保小课堂	在"携手孩童，变废为宝"理念的支持下，通过做手工提高学生的环保意识和动手、动脑能力，让学生真正体会到环保的"魅力"，把环保落实到生活中。同时通过环保手工的介绍，也可以提高学生的表达能力。
生命安全教育	生命安全教育之性教育	由于受传统文化的影响，我国家长对儿童的性教育基本处于空白状态。因此，通过"我从哪里来""我的身体及权利"和"保护自己从现在做起"三个主要课程，以生动有趣的方式向学生传递健康的性教育知识，引导青少年形成正确的成长观念，为青少年的健康成长引领起航。
	生命安全教育之防溺水	生命第一，安全第一。夏季是雨水多发的季节，因此防溺水显得尤为重要。本课程为生命安全教育之防溺水，通过向同学们讲授关于"防溺水"的知识体系，改掉生活中不安全的生活习惯，提高学生的安全防范意识，引导学生形成正确的成长观念。
	生命安全教育之防拐防骗	以视频学习、案例分析等方式向同学们传授有关防拐骗的相关知识，引起学生对拐骗的重视，引导学生掌握防拐骗的方法，提高自我保护意识与能力。

主要活动：

活动名称	活动意义
"情怀校园，寓教于乐"主题系列活动	活动引导孩子树立正确的理想信念，培养高尚的思想品德和爱国主义情怀；养成良好的生活习惯，形成环保意识，掌握生活小技能；做到基础课程和兴趣发展并重，提高孩子的综合发展能力，丰富当地小学生的假期生活，提高学生学习兴趣度；帮助学生了解生命安全教育的重要性，增强自我保护的能力。
"防侵犯小课堂"	
红色精神宣传主题手抄报绘制	
新时代文明实践站暨心手相连共读经典活动	
入户探访	
新时代文明实践站暨关爱心灵启迪活动	
"七彩假期，多彩校园"主题系列活动暨"麦田守望者"暑期支教活动结营仪式	
口语外教进校园	
支教纪录片剪辑	

（三）项目成效

通过两地共计三周的乡村支教，在团队全体成员的努力下，帮助菏泽市定陶区孟海镇马楼中学的 60 余名青少年，聊城市临清市尚店镇尚店中心小学、尚店洼里中心小学 220 余名小学生，取得了以下几点成效：

1. 引导孩子树立了正确的理想信念，培养高尚的思想品德和爱国主义情怀。学生能通过绘制红色精神宣传主题手抄报表达出对祖国、家乡的热爱以及自己的理想，感受身边的幸福。

2. 在生活习惯方面，帮助孩子养成了良好的生活习惯，结合当下社会热点，将垃圾分类理念和方法传递给学生，帮助其形成环保意识，掌握生活小技能，并以绘画的形式进行了展示。

3. 做到了基础课程和兴趣发展并重，提高了孩子的综合发展能力，丰富了当地小学生的假期生活，提高了学生学习兴趣度。低年级学生能够熟练掌握 26 个英文字母，高年级学生能够熟悉掌握 100 个新单词；220 余名学生能够保质保量完成部分假期作业；90%的学生能够流利唱出至少 1 首歌曲，每位学生完成了至少一份手工和绘画作品，并在全校范围内进行了成果展示。

4. 在生命安全教育方面，学生自身防拐防骗意识增强，帮助至少 200 名学生掌握了 3—5 种防拐骗和自救的方法，并在课堂上实景模拟，将防拐骗意识推广到学生及家长；学生暑期预防溺水意识增强，帮助至少 200 名学生掌握了2—3种防溺水和溺水时的自救方法,学生通过视频资料和校园内系列活动加深印象,自身防溺水的意识得到增强;帮助至少200名学生认识了性教育,开展"防性侵小课堂",帮助学生形成正确的性知识观和成长观,帮助学生认识、描绘身体器官图,正确认识可接触部位和隐私部位,学会保护自己,学生能够至少掌握一种自我保护的方法,学会辨别安全地方与安全行为。

5. 成功举办"新时代文明实践站暨心手相连共读经典"主题活动,互动性强、内容丰富,极大地调动了学生们的读书热情。此外,本次活动响应加强农村文化建设的号召,关注农村儿童精神世界,引导学生崇尚学习、善于学习,营造重视读书、坚持读书的良好氛围,全面推进乡镇书香文明建设对于实现农村精神文明与物质文明的统一协调发展。

6. 组织开展"新时代文明实践站暨关爱心灵启迪"主题教育活动,激发孩子们的动手能力、创造力和表现美的能力,为其提供了一个展现自我的平台,使其在学习的过程中也能拥有快乐的体验。通过活动促进农村社会主义精神文明建设。

7. 开展"七彩假期,多彩校园"主题系列活动暨"麦田守望者"暑期支教活动结营仪式,将支教期间所进行的课程以有趣新奇的形式综合展现,给支教小学220余名学生提供一个展现自我的平台,巩固其成长与收获,为其这段暑期记忆画上一个圆满的句号。

8. 填补学校生命安全性教育方面的空白,结合入户访谈,初步探索形成了乡村支教带动地区扶贫的一种支教新模式的雏形。

9. 志愿者自身能力提升方面,提高了支教志愿者的志愿服务意识,磨炼了坚强的志愿服务意志;提高了支教志愿者的适应能力和管理水平,提高了其社交沟通表达能力和反应力;帮助支教志愿者更好地体会贫困地区的农村生活,以更好地理解精准扶贫理念,提高个人思想觉悟。

(四) 项目反思

通过日常教学和课外活动的开展,主要发现有以下三方面的问题:

首先,从支教志愿者方面来看。面对支教任务,大学生志愿者可能存在不能摆正自己的位置,拥有正当良好的心态和角色意识的情况,导致教学秩序的混乱,给学生造成持续性的影响。大学生普遍有参与志愿活动的热情和想法,都希望能有机会走出校园,在更加广阔的舞台上展现当代大学生的志愿风采。如今,新时代对大学生的志愿服务提出了新的要求,应当加强支教志愿者培训,使其拥有更好的讲授课能力和专业意识,把专业知识学以致用,让志愿服务落地生根。针对此问题,支教团队前期做了志愿者培训,并通过三次小组活动的开展使各位志愿者彼此了解熟悉，并在过程中答疑解惑，进一步明确支教的内容理念；在支教活动过程中，每天都会召开总结会议，尽可能地为大家创造交流的机会，消除不良情绪；每天支教日志的撰写，引导志愿者们对自我的反思总结，达到在服务的同时锻炼其自身能力的效果。

其次，短期支教的核心要义与学生家长的期待存在分歧。短期支教由于本身时间条件限制和不至于对学校原有的教学体系产生冲击，大多将重点放在兴趣培养、潜能激发、空白知识填补以及习惯养成上，而学生家长则更为看重学生参与暑期支教活动能够获得成绩上的提升。随着时代的进步和生活水平的提高，农村地区辍学现象显著减少，之前农村地区盛行的"上学无用论"已鲜少有人提及，家长越来越看重孩子的成绩和未来发展，短期支教核心内容与学生家长的期待存在的分歧点该如何理顺化解，对大学生乡村支教模式创新有着深远意义。针对此问题，支教团队走进乡村，走进学生的家庭，面对面与学生家长交流，充分地去了解家长的想法和担心，并将支教服务的内容具体、清晰地传达给学生家长，一步步地向家长们传达生命安全教育、兴趣培养、思想道德教育等课程的重要性和必要性，从认知和意识层面帮助学生家长了解短期支教的核心要义。

最后，大学生支教缺乏有效的反馈机制。在支教的过程中较少能够听到来自"外面的真实声音"，即无法真正了解到当地的需求是什么；另一方面由于大学生自身现实资金条件的限制，支教前期准备较为被动和仓促，变动性大。这就导致支教开展过后很难消化真实有效的反馈从而做出改进。针对这一问题，支教团队从对接地区及学校、学生和家长做出努力，开展了"新时代文明实践站暨心手相连共读经典"主题活动、"新时代文明实践站暨关爱心灵启迪"主题教育活动、入户探访等多项活动，回应多方面现实需求，对加强当地文化建设，促进农村社会主义精神文明建设产生了积极影响。此外，支教团队将通过定期写信、回访等形式持续性关注服务对象，寻求真实有效的反馈，为以后的支教服务提供借鉴。

四、主要的结论

通过项目团队成员在项目地点开展实地研究，发现定陶区马楼中学及临清市尚店镇中心小学、尚店镇洼里中心小学师资力量匮乏、素质教育不全面、本校特色教育体系不健全，支教团队通过积极推动学校建立健全生命安全教育系列特色校本课程，大力推进爱国主义教育和优秀传统文化教育的开展，拓展户外历奇教育等趣味性教学方法，全方位提高了学生的综合素质。并经过对学生实际情况的了解，结合入户探访，初步探索形成了乡村支教带动地区扶贫的一种支教新模式的雏形。

五、相关的建议

1. 高校、受教学校、受教地方政府合理协调合作。高校大学生自身现实条件的诸多限制，可能导致原本的支教计划并不能比较好地实现。大学生支教是希望为农村教育的发展贡献自己的一分力量，但是当一直以来顶着"崇高""奉献"这些美丽光环的支教活动遭到质疑的时候，诸如"短期支教弊大于利""支教的哥哥姐姐们你们别再来了"这样的言论出现的时候，必然使得大学生参加短期支教的热情和信心大打折扣。希望大学生短期支教活动涉及的相关人员能认真思考如何才能最大限度地发挥短期支教对农村基础教育的改善与促进作用，而非盲目地给支教扣帽子。

2. 加强支教志愿者的培训建设。"志愿服务最重要的是态度和行动而不是浮于表面的服务次数。"只有将向上的态度和专业的知识技能相结合，才能最大限度地发挥志愿服务作用，进而达到服务他人、服务社会的目标。

3. 建立大学生短期支教的长效服务体系。受教地区与支教大学生所在校可以探索"校对校"的短期多次长效服务体系，这样可以充分挖掘，精准服务，一定程度上还可以减少支教志愿者开展各项工作的阻力，打造专业品牌化支教服务项目，以更饱满的姿态、更大的影响力去获得地区和社会的肯定，探索有针对性的支教新模式。

4. 相关教育部门应加强对农村留守儿童的照顾关爱力度，关注其精神世界，将教育资源向农村地区适当倾斜，保障学生的教育公平权利。

六、项目的不足与局限

1. 项目时间周期较短，常规教学活动开展、入户探访等的成效评估持续性跟进难度较大。

2. 课外活动的设计和开展可以继续精细和完善。

3. 支教团队对于受教地区的现实需求可做进一步评估和回应。

4. 缺乏实践团队的独特"考核机制"和"有效规则"，团队成员积极性不高或者其他不良情绪出现时因时间和支教任务等原因，无法关注到每位成员，以致大多以回避和搁置处理。

乡村振兴背景下新农村基础设施建设情况调查

——基于济南市平阴县洪范池镇纸坊村的考察

团队负责人：董喜萍（2017级政治学与行政学专业）　　指导教师：张岩

团队成员：房晓君（2017级政治学与行政学专业）、于晓倩（2017级政治学与行政学专业）、吕作瑞（2017级政治学与行政学专业）、陈果（2018级政治学与行政学专业）

一、研究背景

进入21世纪以来，党和国家号召进行社会主义新农村建设，取得了一系列的可喜成绩。为深入调研新农村建设情况，我们此次选取济南的纸坊村为例进行调研。

2018年以来，中共中央接连下发了一系列推动乡村振兴的发展规划，党中央高度重视乡村发展，将下一阶段的工作重心放在农村振兴方面，明确提出要加强乡村交通、信息、物流、环保、道路、水暖、电路等方面的建设，要不断缩小城乡基础设施建设存在的差距，实现城乡一体化的建设格局。要想促进乡村振兴迈向一个新台阶，就要推动农村信息、道路、水电等建设的不断完善。切实做到惠民、利民、便民，为乡村振兴奠定扎实的发展根基。从我国大多数农村的发展实际来看，作为基础发展模块的网络、交通、信息、水电都扮演着不可或缺的角色，也是未来乡村振兴的重点建设工程。最近几年，不少乡村在上述几个方面的建设取得了不小的成就，但是总体来看，基础设施仍有待完善，尤其是一些经济发展相对滞后的地区、偏远的山区等的网络、交通、信息、水电设施都十分落后，成为乡村振兴建设的重中之重。推进乡村的全面振兴，首先要应对的就是网络、交通、信息、水电建设等问题，使农村的基础建设迈上一个新台阶。

在我国国民经济总体架构中，农村经济是十分重要的一环，是基础建设中的关键，具体来说，它指的就是服务于农民、农村发展、农业建设的，具有一定的期限的技术要素的总称，可大致分为四类：一是服务于生产的设备，包括技术开发、水电设备管理等；二是服务于生活的基础设备，包括医疗保险、娱乐设施等；三是公共基础设备，包括信息网络、交通网络、乡村教育等。四是生态环境设施，如保护林地资源、湿地资源、草原草场的设施。推动农村经济发展、提升农民的生活水平离不开完善的基础设施，它是保证农村经济发展水平的关键，也能对农村的全面发展产生至关重要的影响，在很大程度上保证了相关方面建设水平的不断提升，扮演着基础性和全局性的作用。不少学者就此展开了深入研究，研究结果证实，农村基础设施建设是否完善在很大程度上影响了农业建设的整体水平，所以，促进乡村振兴首先要提升基础设施的建设水平，这是至关重要的一环。

此次调研项目将综合运用实地考察、深度访谈等实证研究方法，通过纸坊村的生产、生活、生态环境以及公共服务等基础设施建设情况做出调查研究，以纸坊村为抓手，看当下新农村的基础设施建设中有什么突出进展或是存在什么问题，为国家的新农村建设总结出一些可行性意见。

本次调研地点纸坊村是山东省济南平阴县洪范池镇下辖的行政村，面积76平方千米，人口4.2万人。纸坊村原先是一个交通相对闭塞、经济相对落后的村子。几年来，洪范池镇积极响应十九大乡村振兴战略，采取土地流转、产业结构调整等措施，并在自身优越地理条件的基础上大力发展林果业、旅游业，力争打造一二三产业融合、农业+旅游模式综合发展的特色小镇。

二、研究方法

（一）文献法

文献法是论文中最基本的调查方法。通过对文献的收集、鉴别、整理和研究，形成对事实科学的认识。本次调研通过相关的图书、学术报告、期刊、电子图书等文献的查阅，搜集了大量有关新农村基础设施建设方面的文献资料。然后对其阅读、分析与整理，汇总焦点研究问题。

（二）问卷法

通过参考新农村基础设施建设方面的相关文献，结合当地的实际情况，制定出调研问卷。制订好问卷之后，团队成员深入济南市平阴县洪范池镇纸坊村进行问卷发放、回收、分析工作。

（三）访谈法

深入洪范池镇的纸坊村，对新农村建设情况进行访谈和调研，访谈对象为纸坊村的部分村民、农家乐的负责人以及村委会的相关负责人。

三、项目的主要内容

（一）纸坊村基础设施建设情况调查的主要数据分析

1. 调查样本的选取及分布情况

我们团队在纸坊村采用线下访谈和线上问卷的方式分别进行了调查。下面为线上调查样本的分布情况：

（1）样本性别分布情况

选项	小计	比例	
男	20		50%
女	20		50%
本题有效填写人次	40		

（2）样本年龄分布情况

选项	小计	比例	
25 岁以下	32		80%
25—35 岁	4		10%
35—55 岁	3		7.5%
55 岁以上	1		2.5%
本题有效填写人次	40		

从以上数据可以看出样本男女比比较平衡，年龄阶段主要集中在 25 岁以下，但各个年龄阶段都有占比。

2. 家庭收入来源分析

选项	小计	比例	
工厂上班或外出打工	10		25%
农业生产	5		12.5%
个体经营	3		7.5%
其他	22		55%
本题有效填写人次	40		

表中在工厂上班或外出打工的人数为 10 人，占调查总人数的 25%；从事农业生产的有 5 人，占总数的 12.5%；个体经营的 3 人，占总数的 7.5%；从事其他工作的 22 人，占总数的 55%。再结合我们访谈情况来看，纸坊村民有很大一部分高龄人群并没有外出打工，因此对村里基础设施建设的要求还是挺高的。

3. 村内基础设施建设情况分析
（1）道路建设维护情况

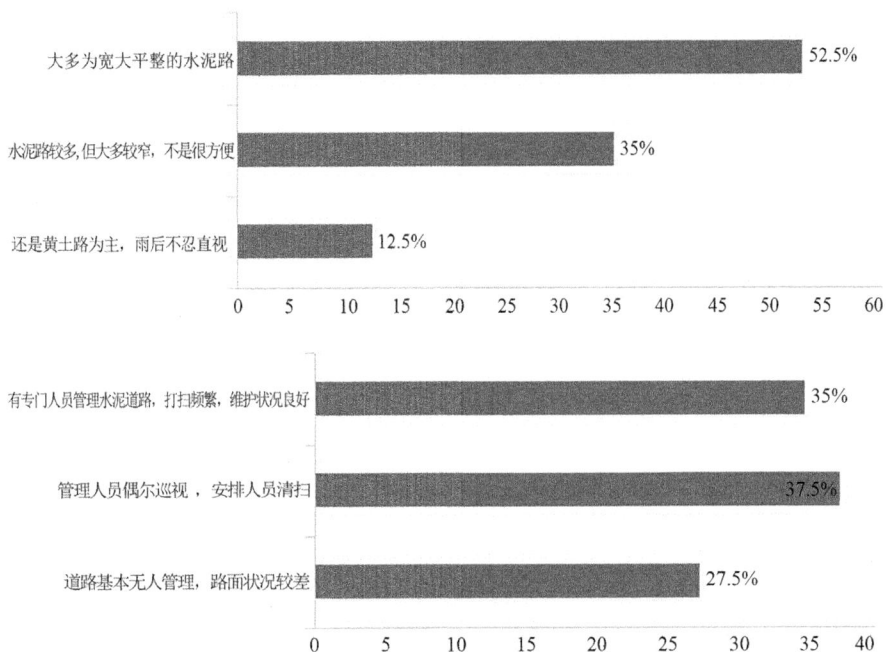

从图中调查结果可以看出，纸坊村内的道路建设还是不错的，超过半数以上的人认为道路宽大平整且有专门人员负责打扫维护，整体状况良好。

（2）自来水供应情况

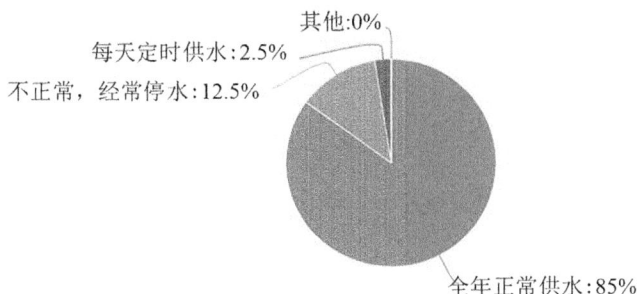

（3）医疗卫生服务情况

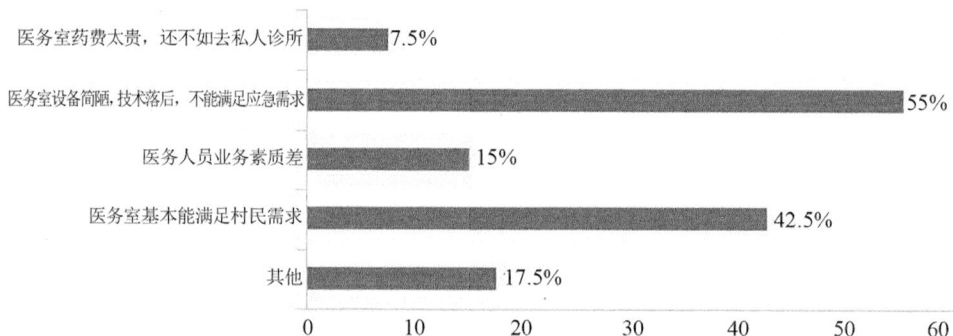

（4）村内环卫情况
a 垃圾桶数量是否充足

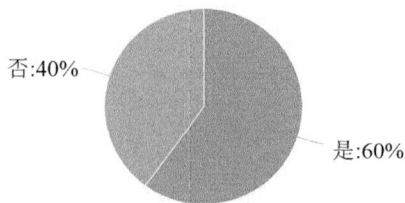

b 垃圾桶损坏是否有人进行更换或维修

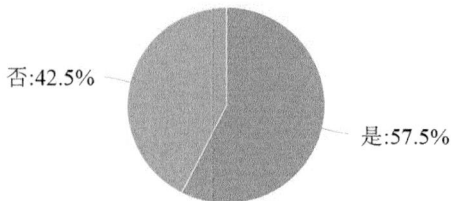

（5）文化基础设施建设情况
c 村内是否建有农家书屋或文化站

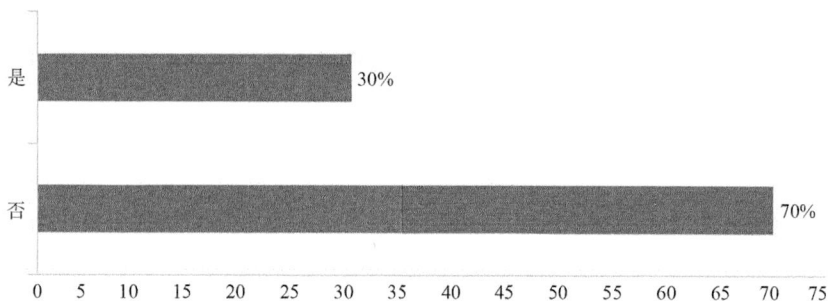

经过调查发现，纸坊村的文化基础设施建设比较薄弱，但我们在实地调研的过程中发现村里因有农家乐和旅游开发等产业，因此有时会有一些戏曲表演，这也是村里文化建设的一部分。

d 村里是否有计划地开展旅游开发项目

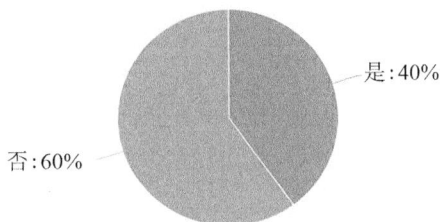

是：40%

否：60%

纵观以上基础设施建设的几个主要方面，总的来说设施建设的情况还是不错的，像道路、自来水、电、网等等都比较健全，但也有一些方面是比较薄弱的，比如医疗、文化娱乐等。

4. 基础设施建设资金来源分析

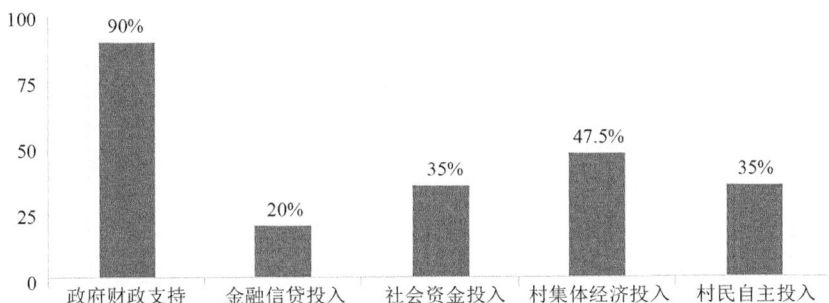

从图中可以看出，村内的基础设施建设的资金有很大一部分是政府财政支持的，当然，村里集体经济投入也占有一定的比例，目前村里的农家乐、民宿、旅游开发等都建设得不错，因此村内的投资力度也在不断加大。

5. 村内基础设施建设满意度分析

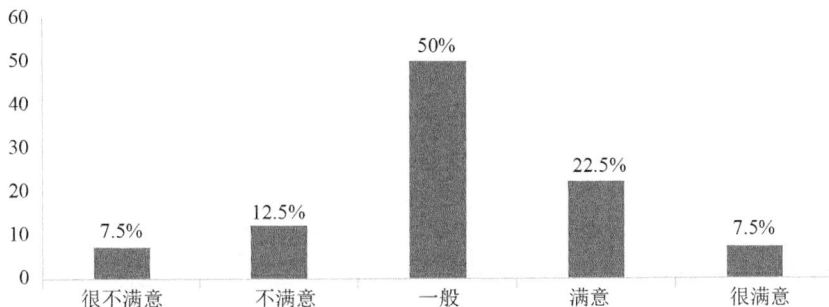

从基础设施建设的满意度调查来看，觉得一般的占到一半，满意和很满意的也差不多到 30%，而很不满意和不满意的占比最少，所以总的来看，村民对村内基础设施建设还是比较满意的，可能因为有一些方面比较薄弱，所以对总体的满意度还有待提高。

e 您认为近几年您所在地区政府基础设施建设工作是否到位？

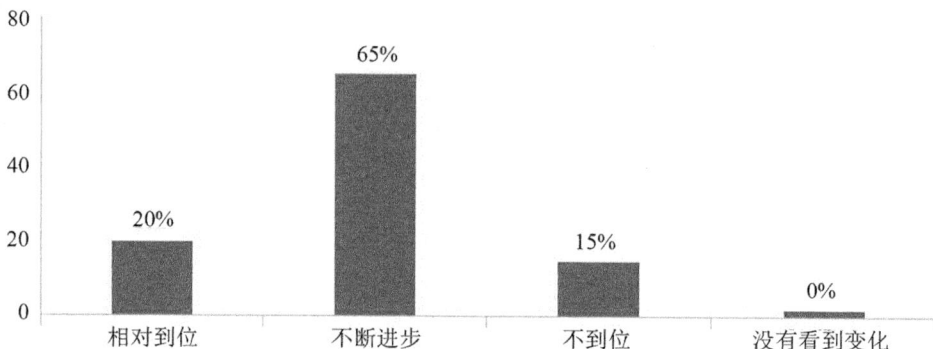

6. 村民关于村内基础设施建设参与态度分析

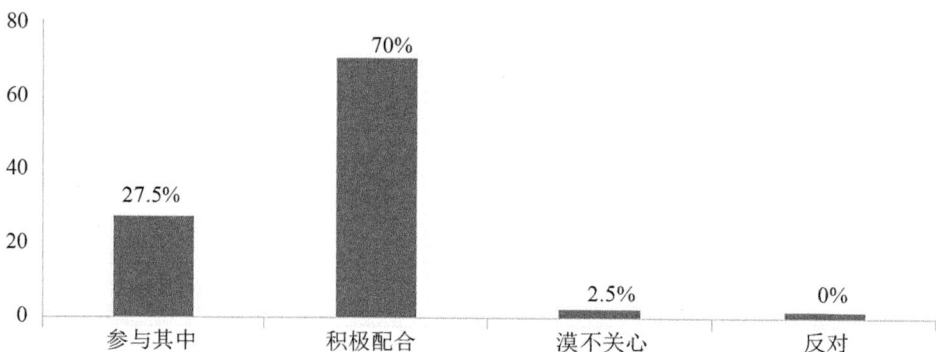

从以上两个问题中我们发现，村民们对村内基础设施建设的参与态度是比较积极的，有 70% 的人会积极配合，对政府的基础设施建设工作也比较肯定，有 65% 的人认为在不断进步。但结合线下访谈和线上这一部分漠不关心的数据，我们发现一部分村民的参与度还是有待提高的，只有提高了公众的参与度，新农村的基础设施建设才会取得长足的进步。

（二）纸坊村基础设施建设现状

与经济发展水平较高的城镇地区比较而言，纸坊村建设还存在较多的问题，基础设施建设存在较大的发展空间。随着经济发展质量的提升，基础设施完备化程度不断提高、农民生活水平获得改善。从调查数据总体来看，纸坊村基础设施建设的现状既有可取之处也有不足之处。纸坊村基础设施调查现状如下：

1. 生活性基础设施方面

（1）道路建设：通村公路和村内主干道路全部为沥青混凝土和水泥混凝土，只有极少部分村内小路未实现道路硬化。道路较为清洁且有专人定期打扫。但是硬化道路相对狭窄，在3—10米不等。村民对道路的满意度较高。

（2）供水设施建设：村里自来水供应情况正常，几乎达到全年正常供水，水质也相对较好，排水设施也较为健全。村民对自来水供应情况满意度较高。

（3）电力网络设施：我们通过走访了解到，村内全部实现了通电和网络覆盖，供电情况也正常。

2. 生态性基础设施方面

通过调查数据显示，村内有固定的垃圾存放点，有超过一半以上的人认为村内垃圾桶数量充足而且有人定期更换和维修。

3. 社会发展基础设施方面

医疗卫生服务情况：调查数据显示村内医务室能满足村民在较小病症上的需求，但是由于技术落后等不能满足应急需求，此外还有较少部分的人认为医务人员素质差、医药费贵等状况。

文化基础设施建设：调查数据显示，大部分人认为村内缺乏文化建设，没有农家书屋、文化站等设施。但是通过我们走访了解到，村内有农家乐和旅游开发项目，此外节假期村内会有戏剧表演以及组织体育活动如篮球赛、广场舞等。

4. 基础设施建设资金方面

我们从调查数据了解到，村内基础设施建设的资金大部分来自政府财政支持、金融信贷投入和社会资金投入较为薄弱。

总之，村内基础设施建设不断进步、不断发展而且村民的参与度较高，但是还存在一些问题，村民对村内基础设施建设的满意度一般。

（三）新农村基础设施建设中存在的问题及原因分析

虽然村内基础设施建设不断完善，但是还存在一些不容忽视的问题。我们通过对村民发放问卷、访谈等，了解到村内基础设施建设中存在的问题如下：

1. 基础设施建设中存在的问题

（1）在垃圾处理方式上存在一定的问题

通过走访了解到村内垃圾的处理问题，虽然现在已经能够做到村内垃圾集中收集，村民满意度也较高，但是垃圾没有及时分类处理，生活垃圾、厨余垃圾、建筑垃圾等一起堆放，缺少垃圾分类处理的意识和条件。此外，道路基础设施建设也不完善。虽然道路绝大部分实现硬化且定期有人打扫，村民对道路建设的满意对也较高，但是村内道路较为狭窄。随着村民经济水平的提高，村内车流量变大，狭窄的道路已经不能满足村民的需求。村内道路通达水平较低，铺设好的硬化道路宽窄不一，存在不同的指标，许多不符合标准。

（2）医疗卫生方面也存在一定问题

村内医务室设施相对简陋，不能满足村民村民应急需求，医务室医生素质急需提高。通过走访了解到，村内组织免费体检几乎变成了流于表面的走形式。村内用于医疗卫生的资金有限，且乡村留不住人才，成了制约医疗卫生发展的障碍。在文化基础设施方面，通过数据分析发现，村内文化设施建设急需加强。村内文化设施薄弱，缺少文化书屋，文化站等。村内现有的文化活动不能满足村民的文化需求，即便现有的文化基础设施，很大一部分也趋于老旧，基础设施的匮乏已经成了文化建设的最大阻碍。此外还存在村民参与文化活动的积极性不高、村干部不重视文化建设、村内文化基础设施成摆设的现象。

（3）村内基础设施建设资金投入来源单一

绝大部分资金来源于政府的财政拨款。社会资金投入和金融信贷投入等较少。村内基础设施建设资金总量投入较少而且资金投入难度较大。

2. 问题存在的原因分析

（1）基础设施建设资金有限

基础设施建设的首要问题就是资金支持。然而我们在调查中了解到，村内从事二三产业的人群所占比例较小，一部分村民依然从事传统的农业活动。村民收入来源有限且收入较少，导致村民对基础设施建设的资金投入较少。此外，村内对各种社会资金的吸引力有限，银行信贷门槛高，农村信用体系不完善等。总之，农村的基础设施建设缺少多维的融资体系，基础设施建设的资金大都依赖政府的财政支出。这样的情况下，无疑加大了政府财政支出的压力，制约了农村基础设施建设的发展。再者，农村相关基础设施不完善而且基础薄弱，比如排污系统不完善导致厕所革命不彻底。垃圾处理系统不完善导致垃圾分类不能实行。由于农村道路、水利、医疗设施等基础差，后续建设困难重重。面对农村基础设施建设薄弱的局面，资金的作用尤为突出，可以说农村的基础设施建设底子薄弱而且资金匮乏，村内基础设施建设的道路任重而道远。

（2）农民文化水平相对较低，对文化活动的需求有限且参与度不高

一些农民思想相对落后，不愿意接受新的事物，而且他们从事的农业生产技术水平低，对文化生活的追求也很低。比如很大一部分村民认为打牌、看电视已经是很好的休闲方式。通过我们走访发现，村内的一些留守儿童、空巢老

人等弱势群体对文化生活的追求尤其低，他们的文化生活需要得到特殊关注。村内基础设施建设大都集中在物质层面，文化设施建设薄弱。

（3）村干部带领村民致富的理念淡薄，责任意识薄弱

村内基础设施建设的发展离不开村干部的领导，但是在我们调查中发现村干部自身也存在一些问题。大部分村干部带领村民致富的理念淡薄，责任意识薄弱。老年村干部开拓意识不强，安于现状，进取意识不强，习惯用老办法管理村务。村干部工作作风不实。在我们的走访中了解到部分村干部以自我为中心，实干精神不强。在工作中以权谋私，不能一碗水端平，损害了村民利益。一些村干部自身文化水平有限，在村内基础设施建设问题上规划不合理，面对如火如荼的新农村建设其思维跟不上发展的需要，在工作中不能严格监督，正确指导。

四、项目的主要结论

此次社会实践，我们通过对纸坊村进行实地考察，问卷填写、与村民面对面访谈等方式收集到了该村基础设施建设方面的一手资料，通过对搜集到的材料和数据进行分析，我们总结出了以下几点结论：

（一）新农村基础设施总体已经有所优化，但一些方面还是有所不足

此次通过对纸坊村的调查我们发现，经过数十年的建设，该村的基础设施总体已经有所优化，但一些方面还是有所不足，如医疗、文化娱乐等基础设施比较薄弱甚至缺乏。该村的生产和生活性的基础设施建设已经比较全面，如灌溉水渠变成管道灌溉的方式，除山地、洼地等大型机械使用不方便的田地基本实现了机械化耕作如联合收割机、播种机等。全村道路硬化、覆盖了宽带网络、村中重要路口安装监控设施、自来水管道覆盖全村。而生态基础设施建设也在不断跟进，街口安放垃圾箱实现了垃圾统一处理、遵循村民自愿原则改造厕所。另外，村内的社会发展基础设施如村中诊所更加规范，农村合作医疗、养老保险制度建立、村中建有养老院等。旅游基础设施建设也取得了较大发展，比如建立民宿、依托全镇泉水资源协助举办泉水节活动等。

（二）新农村基础设施建设依旧存在很多问题和困境

1. 文化基础设施建设资金投入比重过低，基础设施匮乏

新农村公共文化建设作为新时代农村建设的重中之重，是推动农村和谐发展、丰富农民精神文化生活、满足人民日益增长的物质文化需求、构建和谐社会的必然要求。但在调查中我们发现，政府在建设过程中将重心倾斜到了公

路、水利修建等基础设施建设等工程中，对于新农村公共文化的建设项目一直不够重视，资金投入比重也比较少。以纸坊村为例，在文化基础设施建设情况这一问题调查中，有70%的人认为纸坊村的文化基础设施建设比较薄弱。村民参加公共文化活动意识淡薄，自发开展文化活动次数较少。

2. 农民主体意识较低，环保意识不强。

作为新农村基础设施建设的参与主体，农民自身主体意识与生态环境保护意识的强弱影响着新农村建设的效率。一方面，村民主体意识不强，维权意识不足，在涉及一些集体事务时不敢也不愿意主动提出自己的意见，依赖性较强，知政、参政、议政能力不足。另一方面，农民生态意识薄弱，卫生健康观念落后。这些现象的背后反映了农民生活方式滞后，环保理念不足，不但制约着农民生活水平的提高，而且破坏了农村生态环境。

当然，还有在资金投入、建设体制管理等方面也存在问题，就不一一罗列。但总而言之，随着公共财政体制健全，国家不断加强对农业的支持力度，当前农村基础设施建设已经进入高速发展期，基础设施的大力建设给农村带来新的生活风貌。但在农村基础设施的建设不断加快的过程中，许多问题也逐渐显现出来，因此针对这些问题，我们也在不断提出新的解决措施加以改进。

五、相关的政策建议

党和政府在近几年的宏观调控中切实加强了农业和农村这个薄弱环节，把建设社会主义新农村作为现代化进程中的一项重要历史使命，使农村基础设施建设得到切实加强，使农民得到实实在在的物质利益。因此针对纸坊村基础设施建设方面存在的问题，我们调研团队总结了以下几个方面的解决措施：

（一）在垃圾处理方式上

1. 因地制宜，合理布局

村级配套分类垃圾桶由村组织进行统一采购，分类垃圾桶需标注"可腐烂垃圾""不可腐烂垃圾"字样，按户发放一套，并在村内放置公用分类垃圾桶。村民负责将生活垃圾分类投入到户用垃圾桶，并收集到公用垃圾桶内由清运员进行必要的二次分拣。

2. 突出重点，梯度推进

现阶段将生活垃圾按照可腐烂（堆肥）和不可腐烂（堆肥）进行分类。并逐步推进村内对不可腐烂（堆肥）垃圾进行细分，分为可回收垃圾、有害垃圾、其他垃圾等。

3. 技术创新，安全运行

积极探索建立垃圾分类 APP 远程管理系统和管理体系，推进垃圾分类减量化资源化处理技术创新，引进合理的垃圾分类回收、分拣处置方法和垃圾资源化利用设备，加强分类收运、处置设施运营监管，严格控制分类收集、分类处置过程对环境造成的污染。

（二）医疗卫生方面

加大农村卫生投入力度，扶持农村医疗卫生基础设施建设。政府需要尽快制定出农村乡镇卫生院整改机制，把乡镇卫生院转为公有制的管理体制，发挥其公益性的福利事业。加大对农村卫生事业的资金投入。改善医疗环境，更新医疗设备以及保障卫生院职工工资待遇，完善农村公共医疗卫生网络。推进农村基本药物制度改革，把药价降下来，提高农村合作医疗报销比例。

（三）农民主体意识较低，环保意识不强方面

首先要增强农民的法律意识，改善农村环境。坚持村民自治，订立村规民约意识，改善农村环境。其次增强村民的主体意识。将治理环保的主动权交给农民，让村民构建出自己防治污染的绿色堡垒。不断推进环保的规范化。将环保法律法规细化量化，分解落实到每个农民，签订环保责任书，严格检查和奖惩，并将检查的结果作为新型农村评比的依据。再次需要农民培养良好卫生习惯，加强农民自我保护意识，改善农村环境。大力发展循环经济，注重村内资源，能源的合理开发利用。积极探索保护环境的新技术，新方法，达到投资少、效果佳的目的。

（四）投资主体单一层面

多渠道投入，扭转全靠政府投资的被动局面。应充分发挥财政支持资金的引领作用，鼓励、支持和引导社会资本进入农村基础设施建设领域，走农业基础设施建设投资主体多元化之路。在确保资金安全运行、发挥效能的前提下，可以采取承包、租赁、拍卖等形式，引入竞争机制，引导当地业主或农民承包经营，实行市场化管理和商业化运作，以缓解基础设施在运行中的各种经费不足。对村级一些小型基础设施建设可引导组建合作经济、股份经济、股份合作经济等形式的经济体，实行自负盈亏，自主经营。

（五）干部责任意识淡薄方面

加强对基层干部的科学培养和有效管理，使其真正做到有责必担，真正实

现为人民服务，为老百姓谋福利。在新农村基础设施建设方面积极发挥建设性作用，为更好地推进乡村振兴，推进新农村建设添砖加瓦。

六、项目（调研）的不足与局限

（一）自身不足

1. 本次调研地点较少，数据收集并不是很丰富，有一定的局限性。

2. 因客观条件限制团队成员的调研，团队成员获得的信息比较片面，无法做出全面的分析，进而有可能所得出的结论也不够全面。

（二）调查局限

1. 存在一定的调查误差，主要体现为我们的样本具有一定的局限性。

2. 由于我们自身能力有限，在调查问卷的设计和访谈问题的设计中可能还存在一些缺陷，不能很好地完全体现我们的调查目的，满足我们调研的需求。因此在调研方案的科学性上还存在很大进步的空间。

社区治理现代化视域下潍坊市社区公交服务体系策略研究

团队负责人：贾春晓（2018 级公共事业管理专业）　　　指导教师：韩瑶

团队成员：李明峻（2017 年公共事业管理专业）、邱东梅（2018 级公共事业管理专业）、王依璇（2018 级公共事业管理专业）、孙倩（2018 级公共事业管理专业）、刘彩虹（2018 级公共事业管理专业）、陈以沫（2018 级公共事业管理专业）、孟潜潜（2018 级公共事业管理专业）

一、项目目的

随着社区治理模式的不断创新、城市建设的不断深入、城市服务质量的不断提高；我国的城市居民生活的便捷程度也在不断提高，随着经济发展水平的不断提高，社区服务体系不断更新；随着近年来政企分开、事业单位改革与第三方组织的不断参与，我国的社区公交服务体系也逐渐发生了翻天巨变。公共交通作为当前居民出行的重要交通工具，享有环保、稳定等优势条件，在城市居民环保意识不断提升的今天，加之城市车辆不断增多，居民车辆不断增多，在上下班等重要时间节点上，堵车已经成为当前城市交通的通病，而公交则有公交专用道与稳定的发车流水。在快节奏的当代城市社会，在时间愈发值钱的当今，越来越多的人选择乘坐公交出行，以求更多为家人、为工作节省出更多的时间。潍坊市作为山东省地级市，其交通建设在山东省各地市中处于优势位置，虽然城市 BRT 与城市地铁、城市轻轨尚未建成，但其在公交设备与公交线路上已经达到了相对成熟的程度。基本满足当前潍坊市市民公交出行的需求。且城际轻轨建设日益完善，也成为潍坊市交通建设中的重要节点。本研究立足于社区治理现代化视角，从居民的社区生活方面入手，对潍坊市社区公交车型、公交线路、流水时间、公交补充等多方面做出较为全面的了解，总结潍坊市公交发展的优势与现阶段取得的建设成就。并通过与国内大城市进行比较，分析潍坊市公交建设现阶段的不足与缺陷，以求为未来的潍坊市公交建设提供具有实际意义的经验，为完善潍坊市社区公交服务体系，提高居民社区生活便捷程度，提高居民社区生活质量贡献微薄之力。

二、项目内容

公交服务体系建设的高低，对其所在城市的公共交通建设起到了举重若轻的作用，公共交通作为市民出行的重要交通服务体系，对城市经济发展、城市环保建设、城市人口承载能力、城市交通承载能力等多方面均起到了重要作用。随着政企分开政策在全国范围内的推广，我国的公交服务模式也因城市区位不同产生了不同的发展模式，越来越多的城市开始修建地铁，以满足城市不断增多的外来务工人口出行，而在一些二三线城市，地铁尚未普及，公交汽车对城市发展则起到了十分重要的补给作用，不论是公交汽车的车型，还是公交线路，其选择都对缓解城市交通压力有着十分重要的意义。作为公交服务体系的支点，城市公交车型的采购作为交通建设的重要支出，是否通过分类采购，是否根据城市交通压力进行差别投放，是标志城市公共交通服务建设体系是否完善的基础。而公交线路作为城市公共交通的血脉，政府通过对城市线路进行规划，将合适的线路分布于城市中央商务区、学校聚集地、新生城市群等不同群体穿插、线路重合是否合理、线路规划是否涉及各不同区位，都是城市公共交通规划的重要内容。在站点选择上，站点设置是否满足居民最后一公里路程，在重要交通节点的设置是否充足，都将作为本次调查的重点内容。

三、项目方法

1. 文献法。通过查阅相关文献，了解当前国内学者对公交体系建设的相关建议，并通过对相关文献的学习，了解其他地区所存在的各种公共交通问题，及时进行收录整理，在后续的调查中，通过对比的形式，分析潍坊市公共交通问题与国内其他城市所存在的交通问题的交集，就此分析我国公共交通发展的整体局限。

2. 对比法。通过将潍坊市与国内优秀公交城市如成都、杭州等进行比较，了解潍坊市公共交通在建设过程中的优势与不足，并在此基础上，吸收其他优秀公交城市建设过程中所能借鉴的、适合潍坊的相关政策，帮助潍坊市建立更加完善的公交服务体系。

3. 专家法。通过走访相关专业学者，分析潍坊市公共交通现阶段问题的解决方案，并通过社区治理视域下，剖析市民群体的根本利益。就此提出有利于市区居民发展的、有利于推动社区建设、方便居民出行的良好建议。

四、项目结果

（一）车型差异性投放

公交车型的大小，直接决定了其所在线路承载能力的高低，与流水线相呼应，公交车型的容客量对其线路的公交改善具有直接相关作用。国内客流量较多的城市大多已经普及双层巴士，如成都、重庆、杭州、天津、苏州等新一线城市的中央地带，城市地铁并没有达到北京、上海、广州、深圳等一线城市的程度。因此在公交汽车的补充作用上则加大了投入。现代双层巴士起源于伦敦，主要是对伦敦地铁的补充与路上短途交通的需求满足。潍坊市由于其本身地区性发展差异较大，根据调研结果，潍坊市市区内奎文区、潍城区、高新区等地人口流量相对较大，经济建设相对较为完善，因此公共出行的压力较大。当前潍坊市采取的多点式区域发展带动经济增长的模式导致潍坊市人流愈发集中，但同时导致寒亭区、坊子区等地的发展相对落后，因此人流量相对较低，而人流量大的地区由于双层公交车的投放，极大地缓解了交通压力。由于车型采购经费限制，加之防止人流不够而造成资源浪费的情况，潍坊市对双层公交汽车的投放采取了地区性投放，将双层公交汽车投放于个别行政区的个别线路中。调研小组对潍坊市公交总公司的副总经理进行了采访，对潍坊市双层公交汽车的采购投放做出了具体汇总，并对该投放的意义和局限性进行了询问，具体做出如下汇总：

表 24　双层公交车投放表

	奎文区	潍城区	高新区	寒亭区	坊子区
数量	25	20	15	0	0
涉及线路	5	5	4	0	0

根据表中内容得知，双层公交车奎文区共计投放 25 辆。涉及线路 5 条。潍城区共计投放 20 辆。涉及线路 5 条。高新区共计投放 15 辆，涉及线路 4 条。寒亭区与坊子区投放量为 0. 据相关负责人表示，由于奎文区、潍城区、高新区的市民分布密集，私家车辆较多，因此在上下班等时间节点上交通拥挤较为严重，居民选择交通出行的意向也相对较大，因此不得不加大对该地区的双层公交车投放，而由于双层公交车的购买资金压力较大，且由于潍坊市部分地区的基础设施建设尚不完善，因此寒亭区、坊子区的双层公交车投放为 0. 转而由较为经济的单层车型进行客运工作，此举动一方面帮助市民出行较为频

繁的行政区缓解了交通压力，提高了该地区的交通承载能力，但从另一方面也导致寒亭区、坊子区与其他三区的公交设施建设差距越来越大，导致该地区的经济发展增速愈发低于其他地区，不利于潍坊市公交体系的整体发展。在双层公交车所涉及的主要社区站点中，调研组通过统计，发现在双层公交汽车的分布与国道、省道、交通干线等密集分布，站点包含学校、写字楼、大型商场等等。

（二）突出线路网络。

传统意义上的社区公交路线一般需要注重考虑与轨道交通的串联程度、线路网络覆盖城区面积的大小、网络区域内主要的市民活动节点，不仅仅与出行群体的整体特征相适应，满足不同群体层次的乘客需求。其次，作为城市公交体系的重要组成部分，每条公交线路在覆盖城市不同区间景点的同时，应通过组合线路的方式防止线路过长等特点。个别城市由于其城区面积大，城市建设速度不断加快，公交线路出现过度拉长等局面，导致站点之间的距离不断加长，与地铁的功能出现了严重的重合，在这一情形之下，公交便捷性与快捷性的特点便被冗长的行驶时间所淹没，潍坊市城区相较于成都、杭州等城市面积仍具有较大差距，在地铁建设上也无法与其相提并论，因此潍坊市的公交线路大多不会形成大城市中线路规划不合理导致的冗长局面。同时潍坊市其本身的公交线路较短，车辆采购较多，因此便出现了许多短线行驶的公交线路，公交车本身经过站点不长，其通过错综复杂的公交网络弥补两个较远地区之间的行驶，在一定程度上提高了潍坊短途出行市民的出行效率，且线路大多覆盖学校、商业区、重要居住区等多个地点。通过统计部分交通线路，将其覆盖点统计如下：

表 25　部分线路覆盖区域

	30 路线	22 路线	56 路线	72 路线	16 路线
途经区域	行政机关、商业区、居民区	商业区、居民区	学校、行政机关、商业区、居民区	国企加工厂、商业区、居民区	学校、行政机关、商业区、居民区
交叉线路	42	38	57	28	49

根据表中内容，30 路线途经重要活动区域有行政机关、商业区、居民区。

交叉路线 42 条。22 路线途经区域有商业区、居民区。交叉路线 38 条。56 路线途经活动区域有学校、行政机关、商业区、居民区，交叉路线 57 条。72 路线途经活动区域有国企加工厂、商业区、居民区。交叉路线 28 条。16 路线途经区域有学校、行政机关、商业区、居民区，交叉路线 49 条。与其他大型城市相比，潍坊市的路线设置并没有达到十分全面的程度，国内一线城市公交路线大多包含学校、商业区、居民区、行政机关等必备的重要活动区域。潍坊市不仅仅存在途经活动区域较少、路程短等问题，其在线路设置过程中往往较少青睐于工厂企业加工区与学校等地，对商业区的公交投入力度较大。但从交叉线路方面看，每条路线的交叉线相比于其他城市较多，更有甚者达到了 57 条交叉线路，在潍坊市公交线路与其他城市线路数量相差较大的情况下，交叉线路的增多意味着交通网络错综复杂程度较高，弥补了公交线路短程的趋势，在提高短距离出行的情况下，也为中远距离乘坐公共交通出行的群体提供了可靠的保障。但与此同时，个别类型活动区域线路较少的情况下，也往往容易导致该地区交通出行在特定时刻不能在全部时段满足群体出行的效率。如在潍坊市内的潍坊一中、潍坊中学、潍坊七中三所中学站点的公交覆盖中，涉及该地区的公交车辆相对较少，导致该地区在学生放假时基本不能满足回家需求，具体线路情况如下表：

表 26　三所中学涉及公交线路

	潍坊一中	潍坊中学	潍坊七中
设置线路	3	2	2
主经居住区线路	1	1	1
学生人数	5532	5781	4814

根据数据统计，潍坊一中设置交通线路 3 条，主经居住区线路 1 条。学生人数 5532 人。潍坊中学设置线路 2 条，主经居住区线路 1 条，学生人数 5781 人，潍坊七中设置线路 2 条，主经居住区线路 1 条。学生人数 4814 人。据统计，且由于私家车过多，放假时私家车过于集中的拥堵现象，使该地区的在周末时常常出现不能通行的局面，公交车线路投入单一，使私家车拥堵的现象得不到解决，而由于校园学生人数过多的原因，主经居住区的线路均仅有一条，使大量学生过多对单一路线进行选择，因此使某一线路在特定时期出现供不应求，甚至某一时段的公交瘫痪现象。且由于主经居住区线路较少，选择其他线路回家的同学基本都要通过线路调换的方式才能到达自己家门口的站点，为学生回家浪费了大量的时间。因此对相关线路的设置不能仅仅局限于整体需求量与活动区域的需求进行判定，还需根据不同时期的具体情况，对特定的公交站

点进行差异性划分与专线的设置。

（三）专线设置较少

公交专线是为了缓解某一特定地区而设置的特殊线路，旨在帮助特定流量较大的几个重点区域进行定向客运输送，以保证区域之间的高速通行。随着潍坊市经济的不断发展，不同区域之间的联系也日益密切，越来越多的两地区之间的流量开始不断加大，如重点商场与大学城之间的流量输送日益巨大，因此设置专线已经成为有效改善该地区的重要手段。但潍坊市交通路线对专线设置相对较少，仅有的一条专线为换乘旅游专线，该专线也仅仅在市区内的旅游景点进行，且该专线并没有达到预期效果。由于潍坊市旅游的外地人相对较少，旅游专线的投入均为双层巴士，且数量较多，就导致旅游专线内的车辆常常出现供过于求的现象。但在这一现状背后，市内的公交领导机构并没有将相应的公交专线车该投入到其他较为忙碌的公交线路之中，因此出现许多需要专线的地区缺少公交专线而导致线路拥挤。例如在许多学校聚集地及重要的学校周围，公交车线路设置不充足、公交车车型落后、车辆投入不足等情况迟迟得不到改善，导致上文中学生出行交通供给不足，造成拥堵现象十分严重。

表 27　专线设置

	奎文区大学城	潍坊一中	潍坊学院	潍坊医学院
双层公交车	–	–	4	–
日公交车流水	84 次	24 次	122 次	36 次

根据表中内容显示，奎文区大学生、潍坊一中、潍坊医学院均无双层公交车，在日公交车流水车次上，奎文区大学生 84 次，潍坊一中 24 次，潍坊学院 122 次，潍坊医学院 36 次。可见不同学校之间公交车的投放存在较大差距。在双层公交车的投放上，三处重要的学校区域均没有双层公交车，日公交流水车次也随着不同地区存在差异，与市中心较为接近的潍坊学院与奎文区大学城日公交车流水相对较高，潍坊一中与潍坊医学院等远离市区的高校公交车次则及其稀少。不仅仅导致潍坊一中与潍坊医学院地区交通承载能力较差，交通缓解能力较弱，其学校所在地区原本的发展潜力也随着交通设施的不完善，导致该地区的发展远远低于城区内部的发展，造成发展不均衡的局面。

五、结论与建议

1. 改善合作方式

公交服务体系的完善与否根本上取决于当地资金实力，公交总公司应当通过多种渠道进行合理融资，不仅仅将公交广告与公交收入作为公司营收主题。公交公司应与市内的大企业和相关部门进行对接，与重点区域客户进行合理协商，包括对站名的广告购买与专业线路的购买投放等等。通过合作的方式，增加公交车辆的供给，通过企业融资，合理的贷款等，提高公交与银行工商部门的合作深度。一方面提高市内公共交通建设，另一方面提高了市内其他产业的发展，以满足市区内日益增长的公交需求。满足个别学校等重大人流区域的客流需求，增加公交车的供给量，从而在根本上改善有关地区的公交承载能力不足的问题。

2. 灵活线路设置

公交线路的设置虽然一定程度上提高了短途旅客的出行效率，加快了客流量节奏，但是在中长距离的客运流量中并没有实现居民的完全便利出行。当前市内中长线路车辆较少。由于近年来潍坊的地铁建设不会存在较大改观，因此中远距离出行对公交的依靠将始终不会出现大幅度削减的情况，中途变换线路换车的行为严重浪费了居民出行的便捷程度。因此公交公司应当与政府相关部门协商，不断加大中长线路的设置与安排，对特定的中远距离的重点专线设置相应的直达车辆等等，在合理规划公交网络，提高网络覆盖率的情况下，提高长线路线的比重，为居民的出行提供保障。

3. 合理设置站点

在站点的设置上，应当拉近与居民区、学校、重要商业区和加工厂聚集地的距离，尤其是居民区，普通市民作为公交车乘坐的主要群体，在上下班过程中乘坐公交车，不论是从环保角度还是从交通压力的缓解来看，都是对城市公共交通及城市经济发展的贡献。且上班市民作为城市发展的主力军，对城市的建设起到了中流砥柱的作用，现如今"最后一公里"政策的不断深入实施，极大程度地保障了我国城市居民的公交便捷程度，潍坊市也应当紧跟政策脚步，将更多的站点设在相关小区的门口与附近街道，保障广大市民的公交便利。

4. 灵活车辆投放

在车辆有限的情况下，车辆投放不应当仅仅针对特定的区域差别对待。在特殊时间点也应区别对待，在工作日期间，加大对市中心商业区、大型企业加工厂、政府相关机构的公交车投放；在节假日期间，加大对学校等地的公交车投放。不因经济发展水平而制定一成不变的公交车投放战略，根据不同地区的不同时间，判断确切时间的不同群体的具体需求，同时适当减少当前不必要的形象工程，减少如"666"路旅游线路公交车的投放，加大对市区内居民的车辆投入，以为越来越多的人提供便利的公交服务，建立更具服务性的公交体系，不仅仅是从整体上保障居民出行的便利，更是从细微中方便每一位市民的出行。

六、不足及展望

本次调研立足于潍坊市市区内五个市辖区进行具体调研，潍坊市还有多个外围行政区由于资金和时间问题并没有深入调研，外围行政区受限于其经济发展能力的不足，公交体系建设相对市区更为落后，且潍坊各县区的公交发展能力也相对较弱，在未来资金较为充足的情况下，应当对潍坊市的公交服务体系展开更加全面的实践调研。